KB205287

Mark's Story of Jesus

Werner H. Kelber

Werner H. Kelber
Mark's Story of Jesus

초판1쇄 2019.01.22
지은이 베르너 H. 켈버
옮긴이 김태훈
편집   이영욱 이지혜
발행인 이영욱

발행처 감은사
전화   070-8614-2206
팩스   050-7091-2206
주소   서울시 강동구 암사동 아리수로 66, 401호
이메일 editor@gameun.co.kr

ISBN   9791196412548
정가   11,500원

이 도서의 국립중앙도서관 출판예정도서목록(CIP)은 서지정보유통지원시스
템 홈페이지(http://seoji.nl.go.kr)와 국가자료공동목록시스템(http://www.
nl.go.kr/kolisnet)에서 이용하실 수 있습니다(CIP제어번호: CIP2018043016).

마가가 전하는 예수 이야기

베르너 H. 켈버 지음
김태훈 옮김

서문

이 책의 주요 목적은 예수의 삶과 죽음에 관한 이야기를 재해석하여 들려주는 데에 있다. 마가복음은 극적인〔dramatic〕플롯으로 구성된 예수의 여행 이야기로 볼 수 있다. 예수께서는 마가복음 전체를 통해 한 장소에서 다른 장소로 이동하시는 분으로 묘사된다. 그분은 갈릴리를 두루 여행하시면서 여섯 번이나 배를 타시고, 갈릴리 호수 위에 계시거나 그곳을 건너시며, 또 갈릴리에서 예루살렘으로 여행하시는가 하면, 예루살렘에서는 성전을 세 차례나 방문하시고, 끝 무렵에는 갈릴리로 다시 되돌아올 것을 말씀하신다. 마가복음은 독자들로 하여금 일련의 예기치 못한 경험과 위기 가운데로 인도하는 예수의 여행에 참여하도록 초대한다. 하지만 독자들이 예수의 여행을 끝까지 따라간다면 그 위기에서 벗어나는 방법을 발견하게 될 것이다.

이 책은 1978년 사순절 기간 동안 텍사스 휴스톤에 있는 성

공회 평신도 아카데미〔Episcopal Lay Academy〕에서 전한 일련의
강연들에서 비롯하였다. 이 강연들은 일반 청중을 대상으로
한 것이기에, 문체나 내용을 가급적 쉽게 표현하려 했다. 물론
이 책 역시, 강연에서 상당 정도 수정하기는 했지만, 비전문가
독자층을 위해 쓴 것이다. 이에 각주와 전문용어와 학술적인
논의는 의도적으로 피했다.

마가복음 번역은 대체로 1971에 나온 RSV〔Revised Standard
Version〕를 따랐다. 그러나 최근 학문의 발전으로 인해 RSV를
수정하지 않을 수 없었다. 수정이 필요할 때마다 RSV를 동시
에 제공하면서 새로운 번역에 주의를 기울일 수 있게 했다.

성공회 평신도 아카데미의 관계자들과 회원들이 나에게 보
여준 호의에 대해 감사를 전하고 싶다. 이들의 비판적인 질문
은 나를 지속적으로 자극했다. 나는 더욱이 이 책이 출판되는
데에 누구보다도 큰 기여를 해준 네 명의 사람들, 곧 매우 유
능한 타이피스트〔typist〕인 조세핀 모나헨〔Josephine Monaghan〕, 라
이스 대학 종교학과의 박사과정에 있는 케빈 B. 맥스웰〔Kevin
Maxwell S.J.〕과 데이비드 W. 루트리지〔David Rutledge〕, 그리고 나
의 아내 메리 앤〔Mary Ann〕에게 감사를 전하고 싶다.

베르너 H. 켈버

서론

마가복음은 보통 학문연구와 예배 영역에서 모두 단편적인 이야기들의 모음집으로 간주되어 왔다. 논문과 전문 연구서에서는 마가복음의 특정한 측면들만을 선정해서 연구하였고, 주석들은 내러티브의 흐름을 깨는 경향이 있었으며, 성경 역본들 역시도 이러한 단편적인 접근 방식에 상당한 영향을 받았다. 마찬가지로 예배 중에 마가복음의 일부분을 발췌하여 읽는 것도 우리의 시야를 차단시키면서, 전체적인 이해를 불가능하게 만드는 (듣고 읽는) 태도를 고착화시켰다. 우리가 마가복음의 개별 이야기들에 집중해왔기 때문에 실제로 마가복음이 전해주는 이야기가 무엇인지 알 수 없게 되었다. 이 책은 독자들에게 일관성 있는 하나의 이야기, 곧 마가복음이 전하는 예수의 삶과 죽음에 대한 이야기를 소개하기 위해 계획되었다. 그렇기에 나는, 독자들이 다른 이야기에 접근하듯이, 문학적인 관점에서 마가복음의 이야기에 접근하기를 권하는 바이다. 즉, 독자들은 전체 이야기를 처음부터 끝까지 읽어야 하고, 등장인물들 및 그들 사이의 상호관계를 관찰해야 하며, 플롯을 풀어가는 저자의 실마리〔clues〕에 주시해야 하고, 플롯의 발전을 파악해야 하며, 위기로 인식되는 장면들을 식별하고, 이야기의 선행 논리에 비추어 갈등의 해결을 살펴보아야 한다.

우리는 마가복음을 읽을 때에 마태적, 누가적, 또는 요한적인 요소들을 마가복음에 투영하지 않도록 해야 한다. 마가복음은 그 자체의 방식대로 읽히는 것이 마땅하다. 이것은 네 복음서 기자들이 우리에게 예수의 삶과 죽음에 관한 네 가지의 다소 다른 이야기를 전하고 있다는 것이 분명하기 때문에 더욱 더 중요하다. 다른 무엇보다도 이러한 차이가 인정되었기 때문에 신약성경 내에서 네 복음서들이 모두 수용된 된 것이다. 실제로, 네 복음서가 모두 동일하다면 단 하나의 복음서만을 선택해도 그 자체로 충분했을 것이다. 이러한 네 개의 다른 복음서 이야기가 발생하게 된 원인은 복음서들의 기록을 둘러싸고 있는 다양한 환경 속에서 발견할 수 있다. 각각의 복음서는 서로 다른 저자들에 의해서, 역사상 다른 시대에, 그리고 다른 독자들을 위해 기록되었다. 각 복음서는 특정한 문화의 부가적인 요소들〔attachments〕 및 특정한 문학적 관습, 그리고 〔오늘날과는〕 뚜렷이 구별되는 사회정치적이고 종교적인 환경들에 의해 형성되었다. 마가복음을 다른 복음서들을 보는 안경을 통해서 읽는다면 마가복음의 통일성을 해치게 되고, 다른 모든 복음서 저자들의 특징을 오해하게 될 것이다. 그러므로 우리가 마가복음이 전해주는 이야기를 파악하길 원한다면, 어떤 의미에서 마태복음과 누가복음과 요한복음의 이야기를 고려해서는 안 된다. 마가복음을 해석하기 위해서는 한결같이〔single-minded〕 마가복음 본문 자체에만 집중할 필요가 있다.

네 복음서들의 각각의 독자성을 발견하게 되면 복음서의 역사적 진정성의 문제가 대두된다. 쉽게 말해, 복음서들이 우리에게 네 가지 다른 예수 이야기를 전해준다면, 어떠한 묘사가 역사적으로 정확한 것이라고 말할 수 있을까? 복음서 저자들이 다른 시대와 상황에서 다른 사람들에게 말하고 있다 하더라도, 그들에게 예수에 대한 사실 정보〔facts〕를 전해줄 의무는 없었을까? 이는 어려운 문제로서, 지난 이백 년 동안 기독교 신학과 성서학계에서 논의되어 온 것이다. 복음서를 이해하는 데 성서학이 이 세기에 이루어 놓은 가장 중요한 기여가 있다면 그것은 복음서의 성질에 관한 투쟁—복음서가 역사적인 책인가, 아니면 종교적인 책인가?—에 있어서 결정적으로 후자를 지지하며 균형을 〔역사적 성질에서 종교적 성질로〕 전환시킨 것에 있다. 복음서 저자들은 이제 역사가가 아닌 종교적

저자로 간주되며, 복음서는 역사편찬물이 아닌 종교 문서로
인식된다.

역사가가 아닌 종교 저자가 되었다는 것은 정확히 무엇을
가리키는가? 소극적으로는, 복음서 저자들이 복음서를 기록
했던 주된 동기가 주후 30년대에 살았던 역사적 예수에 대한
정확한 사실을 재현하는 데에 있지 않았다는 것을 의미한다.
복음서 기자들은 사실에 관한 정보를 증진시킬 목적으로 과
거를 재구성하는 역사가나 역사학 교수가 아니었다. 또한 적
극적으로, 복음서 기자들이 복음서를 기록했던 주된 동기는
주후 30년대의 예수를 자신들의 시대에 유의미하게 만드는
것에 있었다. 그들의 가장 깊은 관심사는, 신학자들, 사제들,
목회자들의 관심사와 마찬가지로, 과거의 예수를 현재를 위
하여 재해석하는 것이었다. 그러나 재해석이란 〔역사를〕 정확
하게 재현하는 것을 의미하는 것이 아니다. 재해석은 창조적
인 다시 쓰기〔creative rewriting〕와 부분적으로는 재개념화〔recon-
ceptualizing〕까지도 포함한다. 변화하는 시대와 변화하는 문화
적 상황은 이러한 과정을 요구한다. 예수께서 재해석되지 않
는다면 살아서 숨 쉬는 선택의 대상이 될 수 없으시다. 이러
한 정신에 입각해서 각 복음서 기자들은 예수에 대한 메시지
와 기억들을 그 독자들이 이해할 수 있으면서도 그들에게 의
미 있는 방식으로 재활성화 시켰다.

우리가 마가복음을 예수의 삶과 죽음에 대한 재해석으로 여긴다고 할 때, 그렇다면 저자 마가는 누구이고, 마가는 어떠한 역사적 상황 아래에서 마가복음을 기록했을까? 마가복음은 본래 익명으로 기록되었다. 후대의 교회 전승에서는 마가복음의 저자로 다양한 사람들을 추측했지만, 성서학계에서는 대체로 그러한 제안들을 받아들이지 않았다. 마가복음은 지금까지도 익명의 유대 그리스도인이 기록한 것으로 남아 있다. 이 책에서 우리가 마가복음의 저자를 마가로 부르는 것은 역사적인 신원 확인 과정 없이 편의상 그렇게 부르는 것이다.

하지만 마가복음 저작을 둘러싸고 있는 역사적 환경에 대해서는 더욱 많은 것들을 알 수 있다. 학자들은 마가복음의 기원이 되는 지역으로 갈릴리, 즉 남부 시리아 지방이 가능성이 있다고 의견을 모으기 시작했다. 복음서의 내적 논리는 외적 증거 이상으로 이 지역을 지지한다. 우리는 마가복음이 전혀 다른 남쪽 지역[예루살렘-역주]의 관점이 아닌 북쪽 지역, 곧 갈릴리-시리아 관점에서 기록된 것으로 보인다는 사실을 살펴볼 것이다. 저술 시기에 관해서는 점점 많은 수의 학자들이 로마-유대 전쟁 이후의 시기로 추정하고 있다(주후 66-74년). 마가복음 자체의 내적 증거도 이 시기를 지지한다. 이 전쟁 사건들 중 일부가 마가복음 13장에 반영되어 있다고 볼 수 있다. 게다가 우리는 저자가 주후 70년, 전쟁의 정점에서 발

생했던 사건인 예루살렘 성전의 파괴에 이례적인 관심을 드
러내고 있다는 사실을 확인하게 될 것이다. 끝으로 마가복음
의 전체 논리도 마가복음이 로마-유대 전쟁의 여파로 만들어
진 작품이라는 사실을 지지하는 것처럼 보인다.

예수의 십자가 처형이 대략 주후 30년쯤에 일어났다면, 마
가복음은 그 후 40년이 지나서야 기록되었다. 이 40년의 기
간은 이스라엘 역사에서 가장 큰 폭력과 학살이 있었던 시기
로, 이는 유대 나라에 대하여 로마가 승리할 때에 극에 달했
다. 로마의 박해가 극심해짐에 따라 유대인들의 반발도 격렬
해졌다. 유대인들 가운데 이따금씩 일어난 폭동은 공공연한
반란으로 이어졌고, 이것은 결국 조직화된 전쟁을 낳았다. 사
실상 로마의 승리는 주후 70년 예루살렘의 함락으로 인해 확
실해졌다. 예루살렘은 파괴되었고, 성전은 완전히 불탔으며,
이스라엘은 1948년 이스라엘의 국가수립이 있기 전까지 정
치 국가로 존재하지 않았다.

초기 그리스도인들은 이러한 재앙에 영향을 받지 않을 수
없었을 것이다. 초기 그리스도인들 대다수가 유대인이었기에,
이들이 예수께 충성을 했다 하더라도 예루살렘 성전을 향한
충절이 대체로 약화되지는 않았다. 유대인들과 유대 그리스
도인들을 구분하는 것에 신중을 기하여야 했던 초기 단계의
역사에 비추어 볼 때에, 예루살렘과 성전은 사실상 이들 모두

의 중심이었을 것이다. 거대한 힘을 가졌던 로마 역시도 유대인과 유대 그리스도인들 사이의 미묘한 차이를 구분할 능력은 없었을 것이다. 이러한 이유로 그 중심지의 파괴는 그리스도인들뿐 아니라 유대인들에게도 대단히 충격적인 경험이 되었을 것이다.

로마-유대 전쟁과 성전의 파괴가 마가복음에 대한 개괄적인 역사적 배경이 되기에, 독자들이 마가복음을 읽을 때에 이 사건들을 마음에 담아두고 있었을 수도 있다. 국가 중심지의 상실과 마가의 예수의 이야기 기록 사이에 연결점이 있을 것이다. 어떻든 간에, 마가가 말해주는 이야기는 이스라엘의 처참한 비극을 배경으로 읽혀질 때 의미 있고 명료하게 나타날 것이다.

제1장
하나님 나라의 신비
마가복음 1:1-4:34

예수께서는, 마가복음의 첫 부분에서, 권세 있는 자, 즉 갈릴리 전역을 여행하시며 비범한 권능의 행위를 통해 하나님 나라를 주창하고 선포하는 분으로 소개된다. 본질상 불화를 일으키는 하나님 나라는 (하나님 나라를) 지각할 수 있는 내부자들과 그렇지 못한 외부인들을 나눈다.

주의 길을 준비하라

마가복음 본문 가장 위에 나타나는 "마가에 따른 복음"이라는 제명(titular inscription)은 일반적으로 원문의 일부로 간주되지 않는다. 이 제명이 없다고 가정할 때에 우리는 첫 구절인 1:1에 특별히 주목할 필요가 있다. 1:2와는 구별되는 1:1은 이 복음서의 제목으로 적절히 기능한다. "하나님의 아들 예수

그리스도의 복음의 시작." 이 제목은 다른 모든 제목들과 마찬가지로 저자 심중에 있는 작품의 성격과 목적을 드러낸다. 마가는 "복음"을 이 제목의 주제로 설정함으로써 이 작품 전체를 복음으로 규정한다. 마태와 누가와 요한이 자신들의 저작물을 복음이라고 부르지 않았기 때문에, 이를 당연한 것으로 생각해서는 안 된다. 초기 기독교에서 복음이란 통상적으로 메시지나 소식, 즉 구두 형태로 전해진 선포를 일컫는 용어였다. 선지자들과 사도들은 한 장소에서 다른 장소로 여행하며 복음의 소식을 전했다. 사도 바울은 주로 구두로 전해지던 형태의 복음을 알고 있었고(고전 9:18; 15:1; 고후 2:12; 갈 2:2; 롬 10:16-17), 마가 자신도 복음 설교자 예수(막 1:14)와 열방에 복음을 전하는 제자들(13:10)을 잘 알고 있었다. 그러므로 마가복음 1:1에서 "복음"이라는 단어가 마가에 의해 기록된 이야기의 제목으로 사용되었다는 점은 주목할 만하다. 현재까지 알려진 바로, 초기 기독교 문헌에서 예수의 삶과 죽음에 대한 이야기가 "복음"이라는 제목 하에 기록된 경우는 이것이 처음이다. 마가복음을 구성하고 있는 것은 예수의 말씀 자체가 아닌, 바로 예수의 삶과 죽음에 관한 전기적인 이야기이다.

복음이라는 것이 전통적으로 구술적 성질을 가지고 있다는 것을 고려할 때에, 마가가 사용했던 복음 개념은 초기 기독교에서 사용했던 복음의 용례와는 상당히 거리가 있다고 볼 수 있다. 마가는 어떤 이야기를 기록하고 그것을 복음이라고 부름으로써 사람들로 하여금 복음에 관한 이야기를 읽을 수 있도록 하였다. 복음을 읽는다는 이 새로운 개념은 마가복음을 읽는 독자들에게 많은 것들을 요구한다. 왜냐하면 마가가 [기록이라는 매체로] 전달하고 있는 복음의 메시지는 독자들에게 쉽게, 직접적으로 파악되지 않기 때문이다. 마가가 기록한 복음의 의미는, 듣는 순간 청중들에게 영향을 줄 수 있는 구두 메시지와 같이, 단번에 정리되지[encapsulated] 않는다. 심지어 (마가복음에 나타난 예수의 중심 메시지를 특징적으로 보여 주는) 마가복음 1:15와 같은 단 하나의 핵심적인 말씀 속에서도 마가가 이야기하는 복음의 성질을 이해하기 어렵다. 마가의 복음 메시지를 이해할 수 있는 유일한 길이 있다면 그것은 마가복음 1:1부터 16:8까지 전체 이야기를 읽는 것이다.

더욱이 마가복음 제목[막 1:1]에는 "복음의 시작"이 언급되어 있다. 곧, 마가는 자신이 기록한 전체 이야기를 복음의 시작으로 간주했다. 마가복음 본문은 독자들로 하여금 복음의 메시지를 자신의 것으로 삼을 수 있도록 준비시킨다. 독자들이 이 복음 이야기를 처음부터 끝까지 읽었을 때에야 비로소 마가가 전하는 복음 메시지를 이해하여 자신들의 삶의 환경에 적용할 수 있게 된다. 이러한 의미에서 마가복음을 읽는 것은 실생활에서 복음을 실현하는 것의 시작일 뿐이다.

마가의 복음 이야기의 중심인물은 예수이다. 이 예수는 제
목에서부터 "그리스도, 하나님의 아들"로 묘사된다. 이 복음
이야기 안에서, 예수께서 직접 입을 여시기 전부터, 그리고 하
늘에서 들리는 음성이 예수를 부르기 이전부터, 마가는 독자
들에게 그를 비범한 권위를 가진 인물로 소개한다. 예수께서
가지신 권위의 정확한 성격(nature), 즉 예수께서 그리스도이자
하나님의 아들이신 것의 의미는 제목에서 드러나지 않기에,
독자들은 비-마가적인(non-Markan) 선입견들을 본문에 주입하
여 해석하기를 피해야한다. 이 복음 이야기의 저자인 마가는
예수의 완전하신 신분을 단 한 구절로 전하지 않는다. 그것이
제목을 나타내는 첫 구절일지라도 말이다. 권위를 가진 예수
에 관한 완전한 이해는 마가가 전하는 예수 이야기 전체를 읽
는 것에 달려 있다.

표제절에 이어 마가는 사자(messenger)의 출현을 이야기하는
구약 본문을 인용한다(막 1:2-3). 이 사자의 주된 역할은 독자
들에게 반복적으로 제시된다. 즉, 마가복음 1:2과 1:3에서 두
차례 등장하는 인용구는 그 사자를 길을 준비하는 자로 묘사
한다. 이 사자는 마가복음 1:4에서 세례 요한으로 밝혀지기에,
요한이 이 복음서의 중심인물인 예수의 길을 준비하는 자임
을 추정할 수 있다. 마가는 예수의 삶의 단면을 처음으로 언

급하면서 "길"이라는 표현을 사용했다. 이로써 독자들은 예수께서 길을 여행하게 되실 것이라는 사실을 알게 된다. 우리는 마가 이야기에 나타난 예수께서 실제로 이곳에서 저곳으로, 이 지역에서 저 지역으로, 이리저리 끊임없이 움직이시며, 끝내는 삶에서 죽음으로 이동하시는 분임을 살펴보게 될 것이다. 예수의 전 생애는 마가복음 안에서 여행으로 간주된다. 독자들은 예수의 여정의 출발지점과 도착지점, 방향과 목적지에 주목함으로써, 예수의 삶과 죽음의 의미를 이해하게 될 것이다. 예수의 여행에는 논리가 있기에, 그 논리를 파악하면 예수의 사역과 신분의 의미를 파악하게 될 것이다.

세례 요한은 많은 부분에 있어서 예수의 모델이 된다(1:4, 6). 요한은 광야에서 활동했고, 예수께서도 광야로 가셨다(1:12). 요한은 설교자였고(1:4, 7), 예수께서도 그러하셨다(1:14-15). 요한은 자신의 청중들에게 회개를 촉구했고(막 1:4), 예수께서도 회개를 촉구하셨다(막 1:15). 요한은 죄를 용서했으며(1:4-5), 예수께서도 그렇게 하셨다(막 2:5, 10). 마가복음에서 가장 중요한 것은, 요한과 예수가 모두 폭력에 의해 죽임을 당하게 된다는 사실이다(6:14-29; 15:21-39). 그런데 요한과 예수의 차이는 더더욱 분명하다. 요한은 금욕적이고 고독한 인물로서(막 1:6), 제자들에게는 금식을 가르쳤다(2:18). 예수께서는 세리 및 죄인들과 식탁 교제를 가지셨고

(2:15-17), 제자들에게는 금식(2:18)이나 식사 전에 손 씻는 규례(막 7:2)를 가르치지 않으셨다. 더 나아가 요한은 예수처럼 순회 설교자로 묘사되지 않는다. 요한의 사역은 "온 유대 지방과 예루살렘에 사는 모든 사람"(1:5)을 이끄는 것이었기에, 요단강에—아마도 사해 부근에—머물렀다. 유대와 예루살렘이 유대인 집단의 심장부였기 때문에 요한의 영향력은 주로 유대인들에게 미쳤다. 요한은 유대교 성경에서 예언된 사자이자(1:2) 유대교 세계에서 고대하던 자였고(6:15; 8:28), 그렇기 때문에 요한은 유대인들을 대상으로 사역했다. 이 요한보다 더욱 큰 분이셨던(1:7-8) 예수께서는 한 장소에 머무르지 않으셨으며 그 사역도 유대와 예루살렘에 국한되지 않았다. 예수의 초기 여정은 유대와 예루살렘 북쪽에 있는 갈릴리를 둘러싼 것이었으며, 예수의 사역의 대상으로는 이방인들뿐 아니라 유대인까지도 포함되어 있었다. 예수께서는 요한과는 다른 방식으로 일하셨고, 요한과는 구별된 지역에서 사역하셨다. 그렇기 때문에 예수의 사역과 메시지도 요한의 것과는 다를 수밖에 없었다.

마가복음 1:9에 따르면, 예수께서는 "나사렛에서 갈릴리로 오신" 분이시다. 예수께서는 등장하실 때부터 "오신" 분, 곧 한 장소에서 다른 장소로 이동하신 분으로 소개된다. 이 부분은—제목(막 1:1)은 차치하고서—예수께서 이야기에 처음으로 등장하시는 순간이기에, 나사렛과 갈릴리가 어떠한 곳인지를 아는 것은 매우 중요하다고 볼 수 있다. 마가는 우리에게 예수의 탄생기사도 들려주지 않고, 〔예수의 탄생의 배경이 되는〕 베들레헴에 관하여도 언급하지 않는다. 마가복음 독자들은 이 사실에 유념할 필요가 있다. 마가복음에 관한 한, 예수 탄생의 장소와 배경이 어떠하든 간에, 예수께서는 갈릴리 나사렛에서 오신 분이시다. 그곳에서부터 예수께서는 세례 요한에게로 향하는 첫 번째 여정에 발걸음을 떼셨다.

요한이 예수께 베풀었던 세례는 하나의 간명한 문장으로 기록되었다(1:9). 이 사건의 강조점은 요한의 물세례의 일반적인 부분에 있지 않고, 세 가지 사건, 곧 하늘의 열림〔opening〕과 성령께서 내려오심, 하늘의 음성에 있었다(1:10-11). 이로 인해 이 갈릴리 사람〔예수〕의 세례는 다른 모든 유대인들의 세례와 명확히 구분된다. 예수께서 물에서 올라오실 때에 "하늘이 열리고 성령께서 내려오심"을 보셨다(1:10). 요한이나 무리들은 이 비범한 사건들을 보지 못했다. 예수께서 성령을 받으신 사건은 가장 은밀하게 이루어진 것으로, 외부의 증인들은 접근할 수 없는 것이었다. 이 복음 이야기에 나오는 등장인물들 중 어느 누구도 이때 성령이 내려오셨다는 것을 알지 못한다. 오로지 독자들만이 목격자가 될 수 있는 특권을 가졌다! 예수께 개인적으로 들렸던 하늘의 음성은 그를 하나님의 사랑하시는 아들로 드러낸다(1:11). 하나님의 아들이라는 호칭이 성령의 수여와 함께 주어짐으로써, 이 명칭에 담긴 구체적인 의미가 드러나게 되었다. 예수께서 하나님의 아들이시라는 것은 하나님의 성령의 권능을 받음으로 인하여 (요한에게 나아오는 모든 자들 가운데에서) 선택되었다는 것을 의미한다.

이 시점에서부터 예수의 삶의 원동력이 되실 그 성령께서 예수를 "즉시" 광야로 몰아내셨다. 이어지는 사탄의 시험(1:12-13)은 예수의 사역의 의미를 밝히는 데에 주요 단서를 제공한다. 예수께서 성령을 받으시고 사탄과의 대결로 인도받으신 것은 악의 권세를 굴복시키는 것이, 소극적인 차원에서, 예수 사명의 주요 목표라는 것을 보여준다. 사탄이 어떤 인격과 어떤 형태로 나타나든지 간에 예수께서는 사탄을 대적하실 것이다. 천사들과 들짐승에 관한 언급은 사탄의 유혹에 대한 예수의 승리를 암시한다. 예수께서는, 천사들이 수종드는 동안, 들짐승과 함께 계심으로써 하나님의 왕국을 예견하셨다. 적극적으로는, 이것이 예수의 삶의 목적이다. 바로 하나님의 나라를 가져오는 것 말이다.

마가복음 1:2-12에 나타난 촘촘한 논리의 이야기 전개는 핵심 구절인 1:14-15를 위한 장을 마련한다. 우선 세례 요한은 예수의 여정의 길을 준비한다. 예수께서는 세례 요한을 향해

이동[나사렛에서 갈릴리로]하심으로써 그 길에 들어서신다. 성령
을 부여 받은 예수께서는 광야로 내몰려 사탄과의 첫 대결을
펼치셨다. 그는 이 대결에서 승리하시고 이제 복음을 선포할
수 있는 자격을 완전히 갖추게 되신다. 요한이 투옥된 이후에
갈릴리 사람이신 예수께서는 복음을 선포하기 위하여 갈릴
리로 되돌아가셨다. 성령의 권능을 받고 사탄의 시험을 받으
신 후에 처음으로 공적인 선포를 하셨는데, 이 선포는 정식으
로 "하나님의 복음"으로 명명되었다. "적절한 때가 찼고 하나
님의 나라가 도래했다(RSV의 "가까이 있다"라는 번역은 마
가의 의도를 적절히 전달하지 못한다). 회개하고 복음을 믿으
라"(막 1:14-15). 하나님 나라의 도래를 선포하고 있는 이 중
대한 메시지는 마가복음에 나타나는 예수의 삶의 족적을 보
여준다. 예수께서는 하나님 나라의 선포자이자 그 나라를 가
져오는 분이시다. 그렇기에 예수의 죽음과 부활에 대한 모든
국면들은 이러한 하나님 나라 사역과 관련된다. 따라서 마가
가 전하는 복음은 특별한 의미에서 하나님 나라의 복음을 가
리키며, 마가가 전하는 이야기의 모든 국면들은 예수의 하나
님 나라 취임 선포의 관점에서 생각되어야 한다. 독자들은 이
지점[막 1:14-15]에서 하나님 나라의 성격이 어떠한지 정확히
알 수 없다. 그렇지만 마가가 하나님 나라의 도래에 관한 이
야기를 썼기에, 그 전체 이야기를 읽는다면, 그 나라의 윤곽을

파악할 수 있게 될 것이다.

하나님 나라의 도래

네 명의 어부를 부르신 사건은 하나님 나라에 공동체적 차
원의 의미를 부여한다. 요한복음에 나타난 하나님 나라는 이
세상에 속하지 않은 실체로 정의되지만(요 18:36), 마가복음
의 하나님 나라는 전적으로 이 세상에 속하여 있다. 하나님
나라의 도래에 관한 소식이 사람들에게 선포되었고, 사람들
은 그 나라를 섬기도록 부름을 받았다. 하나님의 백성들이 곧
하나님의 나라이다. 시몬과 안드레, 야고보와 요한은 〔하나님
나라 공동체의〕 중심을 형성하면서, 길 위에 계신 예수를 따름
으로써 하나님 나라에 관한 교훈을 배울 수 있는 특권을 얻게
되었다. 이들은 이 여행의 끝에서 하나님 나라 공동체를 위하
여 "사람을 낚는 어부"(막 1:17)의 역할로 준비될 것이다. 예
수의 길이 제자들의 길이 되듯, 독자들 역시도 이 제자들의
순례길에 참여하도록 초대된다. 독자들은 예수의 길을 여행
하면서, 예수의 신분을 알기 위한 열쇠와 하나님 나라로 들어
가기 위한 입구를 발견하게 될 것이다.

네 명의 제자들은 갈릴리 바다에 있는 자신들의 자리를 떠
나 바다 인근 도시인 가버나움으로 가시는 예수의 여정에 합
류했다. 예수께서 첫 번째 축귀 이적으로 악한 영을 내쫓으신

곳이 바로 그 가버나움이었다(1:21-27). 예수께서는 〔가버나움에 들어가신〕 "즉시"〔1:21〕 안식일에 회당에 들어가 예루살렘의 기득권층을 대표하는 서기관들과는 다른 권위로 가르치셨다(참조, 3:22). 예수의 권위 있는 가르침은 너무도 대단해서 더러운 영은 그를 "나사렛 예수"이자 "하나님의 거룩하신 분"으로 인정했다(1:24). 악한 영은 마가의 복음 이야기 내에서 한 사람을 제외하고는 어떤 이도 하지 못했던 일종의 〔예수의〕 정체를 밝히는 일을 했던 것이다〔그 한 사람은 백부장(막 15:39)으로 바로 다음 단락에서 언급된다-역주〕. 귀신의 영들과 성령 충만한 하나님의 아들 사이에는 서로를 알아보는 어떤 유대〔bond〕가 존재했다. 부정한 영은 "당신은 우리를 멸하려고 왔습니까?"라고 물었다. 더러운 영은 예수의 역할이 단지 단 하나의 악한 우두머리를 대적하는 것뿐 아니라 사탄의 권력 구조 그 자체를 멸하기 위한 것임을 알고 있었다. 이 이야기는 광야에서 벌어졌던 예수와 사탄의 첫 투쟁 이후에 사탄의 세력들과 권력을 놓고 투쟁하는 첫 번째 사례이다. 악한 영은 예수의 권위를 인정하면서 귀신의 권세 영역을 넘어뜨리지 말아달라고 간청하지만, 예수께서는 그를 꾸짖으셨다. 그 결과 악한 영은 몸서리를 치며 떠나갔다〔1:26〕.

그 후에 예수께서는 "즉시" 시몬의 집에 들어가 열병으로 침대에 누워있는 그의 장모를 고치신다(1:29-31). 같은 날

밤 사람들이 가버나움의 병자들과 귀신들린 자들을 예수께
로 데려왔고, 예수께서는 그들을 치유하셨다. 그런데 이상하
게도 예수께서는 악의 세력들이 그의 정체를 누설하지 못하
게 하셨다. "귀신들이 예수께서 누구신지를 알았기 때문이
다"(1:34; 참조. 3:11-12). 예수께서 누구신지 알아보았던 이
유일한 존재들은 그분이 누구신지 알려서는 절대로 안 된다!
이때 하나님의 아들의 정체가 드러나서는 안 되는 이유는 예
수께서 아직 자신이 살아야 할 삶을 끝까지 살지 않으셨기 때
문이다. 오로지 예수께서 십자가 위에서 삶을 끝마치신 이후
에야, 자신의 신분을 완전히 실현하게 될 것이다. 로마의 백부
장은 십자가 사건 이후에 비로소 적절한 신앙고백[이 백부장의
고백을 조롱으로 보는 견해도 있다-역주]을 할 수 있었던 유일한 인
물이었다(15:39). 다시 한 번 우리는 하나님의 아들 예수를 완
전히 이해하기까지 이 길을 끝까지 여행하며, 예수의 여행 이
야기를 마지막 구절까지 읽어야 한다는 사실을 기억해야 한
다.

우리는 예수께서 가버나움에서의 첫째 날에 병에 시달리고
있는 많은 사람들을 치료하신 것을 살펴보았다. 이러한 치유
사역은 하나님 나라 도래 메시지의 본질적인 부분이라 할 수
있다. 고대세계에서는 악한 권세들이 모든 신체적이고 정신
적인 질환들을 일으켰다고 생각했기 때문에, 예수의 치유 행

위는 악의 권력 구조에 대한 정면공격이나 다름없었다. 실제
로 우리는 광야에서 있었던 예수와 사탄의 대결 사건에서 그
의 삶의 목적을 살펴보았다. 예수께서는 하나님 나라를 전하
시고 인간의 삶을 위협하고 파괴하는 세력들에 반대하시면서
그 나라가 도래하게 하셨다. 또한 마가가 선택한 두 가지 예
시, 곧 회당의 귀신들린 남자와 시몬의 장모〔여자〕가 고통당하
는 남성과 고통당하는 여성에 관한 것이라는 사실도 주목할
만하다. 우리가 살펴보겠지만, 이는 마가의 하나님 나라 이야
기의 논리에 우연히 들어온 것이 아니다. 하나님의 나라는 악
의 세력으로부터 해방된 남성들과 여성들로 구성되어 있다.
이 둘은 동등하다.

갈릴리 여행

다음날 아침 예수께서는 기도하시기 위해 한적한 곳으로
가신다(1:35-38). 시몬과 다른 제자들은 예수께서 가버나움
에 계시지 않으시다는 것을 알아차리고는 "예수를 찾아 나섰
다"(1:36). 여기서 요점은 시몬 및 그와 함께 있는 사람들이
충성스러운 제자로서 예수를 "따르는" 것이 아니라, 오히려
예수를 찾아 그의 평온한 기도의 시간을 방해하려는 데에 있
다. 그들은 예수를 가버나움, 즉 예수의 이전 승리 장소로 돌
아오게 하려 계획했다. "모든 사람이 주를 찾나이다"(1:37).

그러나 예수께서 염두에 두셨던 것은 다른 곳으로 이동하는 것이었다(1:38). 이것은 예수와 그의 제자들 사이의 의견 차이를 아주 미묘하게 보여주는 첫 번째 암시가 된다. 제자들은 과거의 영광을 반복하길 원했지만—충분히 이해할 만하다—예수께서는 새로운 장소에서 장차 일어날 일들을 바라보고 계셨다. 이는 제자들이 예수의 여행 계획에 정확히 부합하지 않는 목적과 목표를 가지고 있는 것처럼 보인다. 제자들은 예수를 좇고 있었지만, 예수께서 가시는 길을 진정으로 "따르고 있는지"는 확실하지 않다.

예수께서는 제자들에게 다른 곳으로 가자고 요청하신 후에 갈릴리 땅 전역과 그곳의 특정 지역들을 방문하셨다. 언뜻 보기에 이 여정은 논리나 목적성이 부족해 보인다. 대부분의 주석가들에게도 그렇게 보일 것이다. 예수께서는 갈릴리 전역을 여행하시고, 가버나움으로 돌아오셨다가, 또 갈릴리 바다로 나아가시며, 한 집에 들어가셨다가, 이어서 회당에 가시고, 다시 바닷가로 돌아가신다. 계속 이러한 식이다. 이 여행은 방향성이 결여되어 있고 목적지가 없는 방랑과 같은 인상을 준다. 이것은 좋게 보면 형식에 구애받지 않는 것이지만 나쁘게 보면 괴상한 것이다. 하지만 우리는 이렇게 목적 없어 보이는 것이 사실이 아님을 알게 될 것이다. 우리는 보통 여행 중에 발생한 사건들과 〔등장인물들이 했던〕 말에만 초점을 두고, 여행 그 자체에는 별로 관심을 두지 않는 경향이 있다. 우리가 예수의 여행 패턴에 다시 주의를 기울인다면, 예수의 갈릴리 사역의 목적과 결과가 분명하게 드러날 것이다. 이 여행에는 방향 전환의 세 가지 주요한 국면들이 있다. 간략하게 말하자면, 첫 번째 국면은 가버나움에서 시작되고 갈릴리 전역을 여행하는 것을 특징으로 한다. 이 국면에서는 예수의 사역이 압도적인 반응을 낳는다. 두 번째 국면은 가버나움에서 시작하여 어느 한 집, 회당, 곡식 밭 등의 장소로 이어지는 여정이다. 여기에서는 예수의 하나님 나라 메시지에 대한 저항이 점점 커진다. 세 번째 국면은 두 번째 국면과 겹치는 것으로서, 사람들이 점점 많이 몰려드는 바닷가를 배경으로 하는 세 차례의 여행을 담고 있다. 바닷가에 모인 무리들에게 나아가는 이 여정은 새로운 공동체의 청사진을 예견하며 갈릴리 바다를 건너가는 새로운 방향성을 보여준다.

이제 우리를 인도할 이 단서들을 가지고 예수의 경로를 좀 더 상세하게 추적해보는 것이 도움이 될 것 같다. 가버나움 회당에서 있었던 예수의 권위 있는 축귀 이적과 가르침은 너무나도 대단하였기에 그 명성이 갈릴리 땅 전역에 빠르게 퍼져나갔다(1:28). 시몬의 장모가 치유된 후에, 사람들은 가버나움에 있는 "모든" 병자와 귀신 들린 자들을 예수께 데려왔고(1:32), "온 동네"가 그 집 앞에 모였다(1:33). 다음날 아침 예수께서는 무리들에게서 떨어진 한적한 곳을 찾으셨다(1:35).
예수께서는 가버나움으로 돌아가려는 제자들의 바람을 무시
하시고 회당에서 설교하셨으며 병자들을 고치시기 위해 "온
갈릴리 전역"으로의 여행을 시작하신다(1:39). 예수의 명성
이 앞서 이미 온 갈릴리에 퍼졌기 때문에(1:28), 예수께서 직
접 나타나 보이신 것은 "더 이상 공개적으로 동네에 들어갈
수 없을" 정도의 소란을 일으키게 된다(1:45). 예수께서는 동
네로 들어가고자 하셨던 원래 계획과는 반대로(1:39). 이제는
동네들을 피해 "한적한 곳"에 머무르셔야했다(1:45; RSV 번
역 "시골에"는 부정확하다). 예수께서는 공개적으로 여행하실
수 없었기 때문에, 여전히 따르는 무리가 있는 동네들을 우회
하여, 출발지였던 가버나움으로 되돌아가셨다(2:1). 그러나 이
번에는 예수께서 자신의 명성을 확립했던 회당이 아니라, 어
쩌면 시몬의 장모의 집일 수도 있는 한 가정집으로 들어가신
다. 가버나움 동네 사람들을 피하고자 했던 예수의 열렬한 마
음은 분명했다. 그런데 소문이 퍼지자 무리들은 그 집으로 떼
를 지어 몰려왔다. 그러한 이유로 중풍병자는 지붕을 통해서
운반되어야 했다(2:2-4).

이렇게 마가는 예수의 첫 번째 가버나움 방문과 두 번째 방
문 사이에 있었던 갈릴리 여행에 대한 그림을 생생하게 묘사
해준다. 가버나움에서 시작하여 갈릴리 전역을 휩쓸고, 사방

에서 온 사람들에게 영향을 미치면서 점점 큰 규모의 반응이
유발되었다. 예수 자신은 무리들에게 압도당하여 옴짝달싹
못하는 것처럼 보인다. 예수께서는 이후로도 동네들을 피하
겠지만, 무리들을 피할 수는 없으실 것이다. 그러나 예수의 여
행은 이제 겨우 시작되었기에 계속해서 이동하셔야 한다.

가버나움을 두 번째로 방문하는 동안 그 여정은 새로운 차
원을 맞이하게 된다. 이제까지는 호의적으로 보이는 무리들
이 예수를 찾았지만, 이제는 적대적인 사람들도 예수를 뒤좇
는다. 가버나움 회당에서 권위를 가지고 있었던 서기관들은
예수를 신성모독이라는 무거운 혐의로 고발했다(2:5-7). 이
혐의는 마가의 이야기 말미에 대제사장의 입에서 나온 것으
로, 예수의 사형을 확정짓는 데에 사용된다(14:64). 이후로 죽
음의 그림자가 이 여행에 드리우게 된다. 예수께 몰려든 우호
적인 군중들과 신성모독이라고 비난하는 율법 권위자들로 인
해 예수께서는 가버나움을 떠나고 갈릴리 동네들을 회피하
셨다. 예수께서는 이제 바닷가로, 한 가정집으로, 곡식밭으로,
어떤 회당으로, 그리고 산으로 다니신다. 그러나 예수에 대한
반대가 머지않은 곳에서 예수를 지속적으로 따라다니며 도전
한다. 레위의 집에서 있었던 예수와 세리 및 죄인들과의 식탁
교제는 바리새파의 비난을 초래했다(2:15-17). 예수의 제자들
이 느슨하게 지켰던 금식 규정은 비판을 받았다(2:18-19). 안

식일보다 우위에 있다는 예수의 권위 주장은 마침내 그를 죽
이려는 음모로 이어진다(2:23-3:6).

물론 예수의 메시지와 생활방식이 지도자들 사이에 적대감
을 불러일으킨 것이다. 예수의 여정이 계속되면서 예수께서
선포하시고 실행하시는 하나님 나라가 지도자들의 관습적인
경건 및 도덕성과 반대된다는 것은 더욱 분명해진다. 죄를 용
서하면서 주로 죄인들에게 관심을 보이고, 금식일을 지키지
않으며, 안식일의 폐지를 주장하는 것은 모두 사람들의 전통
적인 생활 질서에 반대되는 체계〔counterstructure〕를 세우는 것
이다. 하나님 나라는 새로운 생활방식과 새로운 우선순위, 새
로운 공동체를 수반한다. 새 포도주는 새 부대에 넣어야 한다
(2:22). 하나님 나라의 왕은 예루살렘 지도자들에게 받아들여
질 수 없는 성질이 있다. 〔나중에 살펴보겠지만〕 이러한 하나님 나
라의 성격은 어떤 심오한 논리에 의해 그 나라의 왕이신 예수
의 죽음과 연결된다. "완악한 마음"(3:5)을 가졌다고 적대자
들을 비난하시면서 그들과의 관계를 끊으신 예수께서는 자기
자신의 종말을 알고 계신다. 예수께서는 적대자들이 자신을
죽이려는 음모를 꾸미기 이전부터(3:6) 자신의 죽음을 예견
하셨다(2:20). 그의 여행은 죽음에 이르는 여행이 되어간다.

우리는 무리들의 환대와 관련한 예수의 갈릴리 여정과 더
불어 점차 증가하는 반대를 수반한 시골 지역 여행을 살펴보

왔다. 예수의 여행의 세 번째 국면은 바닷가로의 세 차례 여행과 관련되어 있다. 우리는 네 명의 제자들이 하나님 나라 공동체의 중심으로 부름을 받은 장소가 바로 바닷가였음을 기억하고 있다. 바닷가로 되돌아가는 예수의 첫 번째 여행은 신성모독으로 기소된 후에 일어났다. 예수께서는 증가하는 열광뿐만 아니라 심각한 반대와 압박으로 인해 가버나움을 떠나 바닷가 배경으로 되돌아오셨다. 그곳에서 "큰 무리"를 만나신다(2:13). 반대 세력들의 저항이 사라지게 되자, 예수께서는 이때를 가르치시는 기회로 삼으시고 다섯 번째 제자를 부르셨다(2:13-14). 반대 세력들이 예수를 가까이 뒤쫓고 있을 때, 바닷가는 피난처이자 방해 없이 사람들을 자유롭게 가르칠 수 있는 곳일 뿐 아니라, 점점 늘어나는 제자 무리들을 편성하는 장소로도 기능한다.

바닷가로 되돌아오는 두 번째 여행은 예수를 죽이려는 첫 번째 음모에 뒤따라 나온다(3:6). 예수께서는 제자들과 함께 생명에 대한 위협으로부터 "물러나" 바닷가로 가셨다(3:7). 예수께서 바닷가에 도착하자마자 일찍이 없었던 가장 큰 무리, 다양한 지역에서 온 놀랄 정도의 많은 무리들을 만나신다 (3:8). 예수의 명성이 갈릴리를 넘어 퍼져나간 것은 의심의 여지가 없다. 무리들은 갈릴리뿐 아니라, 유대와 예루살렘과 이두매와 요단 강 건너편과 두로와 시돈으로부터 왔다. 이러한 다양한 지역으로 판단해 보건데, 예수를 따르는 사람들은 더 이상 유대 민족에 제한되지 않는다. 갈릴리, 유대, 예루살렘, 그리고 아마도 이두매, 유대 남쪽 지역까지는 대체로 유대인들의 지방을 가리키지만, 갈릴리 북쪽 지중해에 있는 두 도시인 두로와 시돈, 그리고 요단 강 건너편 지역은 주로 이방인들이 거주하는 곳이었다. 그렇기에 바닷가에 모인 무리들은 서로 동등한 유대인과 이방인들로 구성된 혼합 집단이었던 것이다. 〔이 바닷가에서〕 더러운 귀신들은, 가버나움 회당에서의 예수의 첫 번째 행위의 경우와 마찬가지로(1:24), 예수를 하나님의 아들로 알아보았다(3:11). 하지만 예수께서 그날 밤 가버나움에서 귀신들에게 침묵을 강요했던 것처럼(1:34), 이때에도 귀신들에게 자신이 누구인지를 알리지 말라고 명하셨다(3:12). 바닷가에서 발생한 상황들은 미래의 일들에 대한 전조일 뿐이다. 이 이상적인 공동체의 모습〔유대인과 이방인이 함께하며 귀신들이 예수께 굴복하는 공동체-역주〕은 이제까지 있었던 예수의 메시지에 대한 자연스러운 반응의 결과였다. 하지만 예수께서는 이미 배를 준비하라고 말씀하시면서(3:9), 새로운 방향을 설정하시고 갈릴리 바다 건너편으로 가시려고 했다. 우리는 다음 장에서 이방 지역을 다니시며 하나님 나라, 곧 이 보편적인〔ecumenical〕 유대-이방 공동체의 지리적 윤곽을 설정하기 위해 배를 사용하시는 예수를 살펴볼 것이다.

이 새로운 공동체의 완전히 보편적인 형태가 나타나자마자, 예수께서는 이어서 그 공동체의 지도자들을 임명하셨다. 예수께서는 바닷가를 떠나 산으로 올라가신다. 산은 매우 중요한 장소이다. 산은 성경에서 계시의 장소를 의미하기 때문이다. (모세는 시내산에서 하나님을 만나 신적 계명들을 받았다.) 예수께서는 〔산에서〕 열두 제자들을 새로운 공동체의 지도자들로 임명하시고—이는 매우 중요한 의미를 담고 있는 행동이다—그들 중에 세 명에게 특별한 이름을 주어 따로 택하신다(3:14-19). 열둘과 특히 이 세 사람은 이후로 새로운 공동체의 지도자로서 기능할 수 있는데 필요한 모든 가르침과 정보를 받게 될 것이다. 〔이때 선택된〕 모든 사람들이 하나님 나라 공동체의 지도자로서 적합한 것이 아니라는 사실은 "가룟 유다니 이는 예수를 판 자더라"(3:19)라는 마지막 충격적인 구절에 의해 독자들에게 각인된다. 이로써 독자들은 처음으로 내부에도 적이 있다는 사실을 알게 된다.

우리가 기억하듯이, 바닷가로 물러난 첫 번째 여정은 서기관들의 신성모독 혐의 제기 후에 일어났고, 두 번째 여행은 예수를 죽이려는 음모에 이어서 시작되었다. 세 번째이자 〔바닷가로의〕 마지막 여행은 예수와 반대 세력들 사이의 절정에 이른 갈등 이후에 일어났는데, 이때 신성모독에 대한 문제가 다시 한 번 표면 위로 떠오른다. 열두 제자들을 임명하신 후에 예수께서 한 집에 들어가시자마자(RSV의 "그가 집으로 가셨다"라는 번역은 부정확하다), 식사할 겨를도 없이 무리들이 몰려들었다(3:19-20). 다음으로는 예수의 친족들이, 그의 정신이 이상하다고 생각했기에, 예수를 붙잡으러 나왔다는 기사가 보도된다(3:21). 친족들은 예수께서 구경거리가 되어 가족들에게 수치를 가져다주었다고 생각하면서 세상 사람들이 그를 주목하지 못하게 하려고 했다. 친족들이 예수께서 계신 그 집으로 가는 동안 예루살렘으로부터 온 서기관들이 다시 등장하여 가족들의 비난을 더 강화시킨다. 예수께서 귀신에 사로잡혔다는 것이다(3:22). 예수께서는 가능한 한 가장 강력한 표현을 사용하여 자신을 서기관들의 혐의로부터 변호하시면서(3:23-27), 신성모독을 빙자한 서기관들의 비난을 그들에게 되돌려주신다. 모든 죄가 용서함을 받지만, 성령을 모독한 죄, 말하자면 하나님의 아들의 역사를 사탄의 역사로 오인한 죄는 용서함을 받을 수 없다는 것이다(3:28-30).

그러는 동안 "예수와 가까운 자들"이 그 집에 도착했는데, 이들은 예수의 혈족이었던 것이 분명하다(3:31). 예수께서는 집 안에서 내부자 무리에 의해 둘러싸여 계시지만, 친족들은 집 밖 외부인들의 위치에 있었다(막 3:32). 예수께서 자신의 친족들이 도착했다는 사실을 알게 된 이후에, 자신의 주변에 있는 자들을 진정한 하나님의 가족으로 인정하셨다. 예수께서는 〔집 안에 둘러 앉아 있던(3:34)〕 내부자들과는 대조적으로 친족들과 서기관들을 밖에 서있도록 내버려두심으로써〔3:31〕, 그들이 외부인들이라는 것을 강화시키셨다. 하나님 나라에는 예수를 악의 전형으로 간주하는 자들—종교 지도자나 예수의 가족구성원이라 할지라도—을 제외하고 모든 사람들을 위한 자리가 있다.

하나님 나라 설교

예수께서는 반대 세력들을 아주 인상적으로 논박하신 후에 바닷가로의 그의 세 번째이자 마지막 여행을 시작하신다(4:1). 이때에도 바닷가는 우호적인 무리들을 위한 장소이자 예수의 가르침을 위한 무대이지만, 예수를 따르는 자들이 누구인지 조금 더 분명히 정의하는 장소로도 역할을 하게 된다. 많은 무리들에게 둘러싸인 예수께서는 이전에 준비해두셨던 배를 타시고(3:9) 바닷가로 이동하셨다. 배 위에서의 예수의 가르침, 혹은 마가가 표현하듯이 "바다 위에서의" 가르침은 몰려드는 무리와 거리를 두었다는 것과 곧 바다를 건널 것을 시사한다. 여기에서 예수께서는 "여러 가지"를 "비유로" 가르치셨다(4:2). 마가는 하나의 예시로 씨 뿌리는 자의 비유를 기록했다(4:3-9).

얼마 후에 배경이 확연히 바뀌고 예수께서는 열둘 및 "그

주변에 있던 자들"(4:10)과만 함께 계신다. 이 후자 그룹은 진
정한 하나님의 가족으로서 일전에 집 안에서 "예수 주변에 앉
아 있던"(3:34) 바로 그 사람들과 일치하는 것으로 보인다. 예
수께서는 이 열둘과 가장 가까운 제자들에게 진지하게 "하나
님 나라의 비밀을 너희에게 주었다"(4:11)라고 말씀하셨다.
이 놀라운 말씀으로 열둘과 제자 집단에게 새로운 특권적 지
위가 부여되었다. 열둘과 "예수 주변에 있는 자들"이 하나님
나라 비밀의 열쇠를 갖게 된 것이다. 이들은 다른 누구도 알
지 못하는 것을 알고 있다. 열둘과 "예수 주변에 있는 자들"은
내부 정보를 갖게 된다. 그들은 내부자들이었다.

독자들은, 내부자라는 명칭이 중요하기는 하지만, 외부인
이 무엇인지에 대해서도 동일하게 주의를 기울일 필요가 있
다. 예수께서는 외부인들이 보기는 보아도 알지 못하며 듣기
는 들어도 깨닫지 못하는 사람들이라고 계속해서 말씀하셨다
(4:12). 나중에 외부인에 대한 정의를 놀랍게 적용할 것인데,
이는 마가의 이야기의 극적인 전환점이 될 것이다. 당분간 하
나님 나라의 비밀 속으로 들어오게 된 열둘 및 "예수 주변에
있는 자들"과 아직 하나님 나라의 완전한 메시지를 받을 수
없는 무리들 사이에 명확한 구분이 그어진다.

이 지점에서 하나님 나라의 비밀의 성질에 관하여 말하
는 것이 가능할까? 예수께서 직접 그에 대한 단서들을 주신

다. 내부자들만을 위한 중요한〔climactic〕가르침을 전하면서 예
수께서는 그들을 하나님 나라의 비밀 안으로 들어오게 하셨
다(4:13-32). 이 세상은 그 나라와 같지 않다. 사람들은 고통
당하고 있고, 사탄은 여전히 막강하다. 그렇지만 마지막에는
"삼십 배, 육십 배, 백 배"(4:14-20)의 승리가 있을 것이다. 어
떤 것이 감추어져 있다면, 그것은 오직 빛으로 드러나기 위한
것이다(4:21-23). 또한 사람의 현재의 행동은 미래의 결과를
결정한다(4:24-25). 하나님 나라의 씨앗이 뿌려졌기에 그 씨
앗의 성장은 불가피하다(4:26-29). 하나님 나라의 초기의 미
미함은 그것이 완전히 성장했을 때의 규모와 극적으로〔dramat-
ic〕대조된다(4:30-32). 이 모든 것들이 하나님 나라의 비밀에
관한 단서들로서, 하나님 나라가 성장함에 따라 그 나라에 나
타나게 될 것이다. 하나님 나라는 이미 시작되었고, 그 나라는
이미 도래했다. 그러나 고난과 박해의 시기를 통과하게 될 것
이다. 하나님 나라는 잠시 빛을 상실〔eclipse〕하겠지만, 언젠가
찬란하게 나타나 전 세계를 비추게 될 것이다. 요약하자면, 하
나님 나라는 역사의 발전을 포함하는데, 이것이 바로 그 나라
의 비밀이다. 씨앗은 뿌려졌고, 고난과 박해는 성장과정의 일
부이며, 완전한 실현은 아직 오지 않았다. 이것이 바로 열둘과
"예수 주변에 있는 자들"이 바다를 건너는 예수의 여행에 동
참할 때에 알고 있어야만 하는 비밀이었다.

요약

마가복음 1:1-4:34는 예수의 길을 준비하는 세례 요한과 그 길의 첫 부분을 성취하는 예수의 이야기를 전해주고 있다. 성령에 의해 권한을 부여받은 예수께서는 자신을 하나님 나라의 선포자로 소개하며, 그 나라를 도래하게 하는 것을 자신의 여행의 목적으로 명확히 하신다. 마을의 외곽 지역들을 지나 바닷가로 나아가는 예수의 갈릴리 여행은 하나님 나라에 대한 긍정적인 반응과 부정적인 반응을 불러일으킬 뿐 아니라 하나님 나라의 성격에 대해서도 밝혀준다. 하나님 나라는 이 세상의 특정한 장소—그것이 집, 동네, 회당, 들판이라고 할지라도—와 동일시될 수 없으며 어떤 내세적 실체를 가리키는 것도 아니다. 하나님 나라는 곧 하나님의 백성들이기에, 그 나라는 악의 권세에서 해방된 사람들이 있는 곳은 어디든지 도래했다. 하나님 나라가 가지고 있는 보편적인 성질[유대인과 이방인이 어우러질 수 있는 곳-역주]이 한 차례 드러나긴 했지만, 그 나라는 여전히 비밀에 싸여있다. 하나님 나라를 둘러싸고 있는 비밀은 그 나라가 여전히 진행 중이며 아직 완성에 이르지 못했다는 사실이다. 하나님 나라는 형성되는 과정 중에 있다. 그러므로 예수께서는 그의 목적의 성취를 향한 여행을 계속하셔야 한다. 바다를 건너시는 예수와 동행하는 특권을 가진 내부자들을 제외하고는 어느 누구도 이 비밀을 알 수 없다. 당신, 곧 독자들을 제외한 어느 누구도 알 수 없다. 마가는 자신의 독자들을 하나님 나라의 계속되는 역사의 비밀 속으로 이끌면서, 우리를 갈릴리 바다 위에서와 바다를 건너는 여정에 참여할 수 있는 특권을 가진 내부자들로 준비시킨다.

제2장
보지 못하는 제자들
마가복음 4:35-8:21

　　예수와 그의 제자들은 이제, 미리 준비된 배를 타고(막 3:9;
4:1), 갈릴리 바다를 건너는 일련의 여행들을 시작한다. 배를
타고 가는 이 여정에는 마가복음 4:35-8:21에 논리와 통일성
을 부여하는 여행의 어떤 목적이 내포되어 있다.

이방인들과 유대인들에게로의 항해

　　전통적으로 '풍랑을 잔잔하게 하는 이야기'(막 4:35-41)
로 불리는 이 사건의 시작 부분에서, 독자들은 바다를 건너
는 것이 예수의 주도로 이루어진 것이라는 사실을 알게 된다
(4:35). 이 첫 번째 항해의 의미와 중요성이 무엇이든지 간에,
이 항해뿐 아니라 계속 이어지는 모든 항해들은 예수의 뜻
과 명령에 따른 것이다. 예수와 제자들이 바다를 횡단할 때,

바다에는 풍랑이 일어 배에 물이 가득 차게 되었고, 배에 타고 있는 사람들은 죽음의 위협까지 느끼게 되었다. 당황한 제자들은 "선생님이여 우리가 죽게 된 것을 돌보지 아니하시나이까?"라고 말하며 잠자고 있는 예수를 깨웠다(마태복음과 누가복음은 막 4:38의 제자들이 예수를 책망하는 듯한 분위기를 부드럽게 완화시켜서 표현하고 있다. "주여 구원하소서 우리가 죽겠나이다"[마 8:25]. "주여 주여 우리가 죽겠나이다"[눅 8:24]). 예수께서는 자연의 힘을 누그러뜨리고 풍랑을 잠잠하게 하신 후에(막 4:39), 제자들에게 돌아서서 위험이 닥쳤을 때에 약해졌던 것을 책망하셨다. "어찌하여 이렇게 무서워하느냐? 너희가 어찌 믿음이 없느냐?"(4:40에 대한 RSV 번역은 적절하지 못하다). 예수의 비판에 대해 제자들은 놀라면서 두려움까지 보였다. "그들이 심히 두려워했다"(4:41에 대한 RSV의 번역 "그리고 그들은 경외감으로 가득 찼다"는 제자들이 예수의 놀라운 권능에 경이로움을 표했다는 잘못된 인상을 준다). 이때 마가는 예수의 놀라운 행위에 경외심을 표하는 제자들이 아닌, 책망으로 인해 두려워하면서 예수의 진정한 신분을 깨닫지 못한 채 공황상태에 빠진 제자들의 모습을 우리에게 보여준다. "그가 누구이기에 바람과 바다도 순종하는가?"

마가는 배 여행 단락에 나타난 첫 번째 사건에서 예수의 권능과 제자들의 실패라는 두 가지 모티프를 동시에 강조한다. 이에 처음부터 독자들은 이 단락에서 다루어지고 있는 결정적인 문제에 민감하게 반응하게 된다. 제자들이 과연 예수의 신분과 이 여행의 목적을 이해하게 될까? 아니면, 이해하지 못할까?

거라사의 귀신을 쫓은 이야기(5:1-20) 첫 부분에서 독자들은 예수와 제자들이 바다의 맞은편에 도착했다는 사실을 알게 된다(5:1). 거라사의 귀신 축출 사건은 모든 복음서에 나타나는 귀신 축출 이적 중 가장 강력하면서도 가장 큰 규모의 사건으로 그 배경은 갈릴리 바다 동쪽 지역이다. 이 사건에 나타난 이방적인 색체는 다소 분명하다. 더러운 영들이 이방인들의 부정함의 상징이 되는 돼지 떼에 들어간다. 마가복음 5:20에는, 〔막 1:21-28과 같은 유대〕 회당이 아닌, 요단강 동쪽 제방에 있는 데카폴리스〔데가볼리〕, 즉 군집한 헬라 도시들〔데카폴리스는 열 개의 도시를 의미한다-역주〕만이 언급되고 있다. 따라서 우리는 거라사의 귀신 축출 사건이 이방 땅에 있는 대규모의 귀신 축출 사건들을 묘사하고 있다고 결론지어야 한다. 돼지 떼를 물에 빠뜨려 죽게 한 것은 이방 땅에서 귀신들을 몰아낸 것이며, 이는 이방의 더러움이 정결하게 된 것을 의미한다.

이렇게 이방의 부정함을 정결하게 한 사건은 결과적으로 예수와 제자들이 바다를 건너간 목적을 우리에게 암시해준

다. 즉, 이들이 바다를 건너는 이야기는 바람과 바다를 제어
하는 예수의 권위를 보여줄 뿐 아니라, 이어지는 마가의 복음
이야기〔거라사 사건〕에서 자연의 힘을 다스리시는 예수의 권위
로 인해 이방인들에게 접근할 수 있게 되었다는 것을 보여준
다. 종교적인 차원에서 볼 때에, 바다를 건너는 행위는 새로운
영역을 개척하고 새로운 정체성을 드러내는 것을 상징한다.
하지만 제자들이 과연 이것을 이해하였을까?

  왜 예수께서는 이방 땅에 도착하자마자 귀신 축출—실로
대규모의 귀신 축출—사역을 행하셨을까? 이러한 특징을 이
해하기 위해서, 우리는 잠시 마가복음의 처음 부분에 나왔던
한 사건을 떠올릴 필요가 있다. 우리가 기억하듯이, 예수께서
는 네 명의 제자들을 부르신 후에(1:16-20), 즉시 가버나움 회
당에서 자신의 첫 번째 공개적인 행위로서 귀신 축출을 행하
신 적이 있다(1:21-28). 우리가 이 회당 귀신 축출 이적을 유념
한다면, 하나의 전체적인 논리, 곧 하나의 유사한 패턴이 드러
나기 시작할 것이다. 즉, 예수께서는 유대 배경에서 귀신 축출
로 공적인 활동을 시작하셨다. 그리고 이방인들을 향하여 갈
릴리 바다를 뚫고 동편으로 가신 후에는, 유대 지역에서 행하
셨던 것과 정확히 동일한 귀신 축출 사역을 행하셨던 것이다.
이 대규모의 귀신 축출 사건은 앞으로의 예수 사역에 어떤 방
향성을 제시한다. 이방의 땅이 원리적으로 정결하게 되었기

에, 이방인들이 하나님 나라에 받아들여질 수 있게 된 것이다.

마가복음 5:21에서, 독자들은 예수께서 다시 바다 맞은편으로 건너가신 것을 인지할 수 있다. 즉, 우리는 유대 땅으로 보이는 곳으로 다시 되돌아온 것이다. 야이로의 딸을 일으키신 사건과 혈루증 여인을 치유하신 사건에는 유대적인 상징들이 특징적으로 나타난다. 야이로는 회당장이었다(5:22). 혈루증을 앓는 여인이 고통당한 기간은 열두 해였고(5:25), 딸의 나이는 열두 살이었다(5:42). 회당에 대한 언급과 궁극적으로 이스라엘의 열두 지파를 상징하는 숫자인 열둘에 대한 언급은 두 사건의 유대성을 나타내는 표지들이다.

더욱이 이 두 사건에서 우리는 이야기의 자료를 배열하는 마가의 특별한 기술을 볼 수 있다. 저자는 야이로의 딸 이야기의 한 쪽 부분을 먼저 제시하고(5:21-24), 그 다음에 이 이야기를 끊은 후 혈루병 여인의 이야기를 들려준다(5:25-34). 저자는 혈루병 여인 이야기를 마친 후에 처음 이야기를 이어서 계속하고 그 이야기를 맺는다(5:35-42). 마가는 혈루증 여인의 이야기를 야이로의 딸 이야기 중간에 삽입해 넣음으로써 원하던 내러티브 효과를 성취한다. 이러한 삽입으로 인해 긴장은 극적으로 표현되고, 초점은 부활의 기적에 놓이게 된다. 야이로가 예수께 다가갔을 때에 그의 딸은 여전히 살아있었다. 그 딸은 거의 죽기 일보직전이지만, 아직 치료받을 수 있다는 희망은 있었다. 그런데 예수께서는 그때 혈루증 여인에게 집중하고 계셨기에 야이로의 딸을 살릴 기회를 놓치게된 것이다. 혈루증 여인이 고침을 받자마자, 야이로의 딸이 죽었다는 소식이 들려왔다. 이 죽음을 직면했을 때, 바로 예수께서는 치유뿐 아니라 죽은 자도 일으키실 수 있다는 것—인류를 위한 가장 위대한 기적—을 보이신다. 이 사건을 목도하는것이 세 명의 선택된 제자들, 곧 베드로와 야고보, 요한 외에어느 누구에게도 허락되지 않았다는 사실은 이 부활 기적의의미(significance)를 부각시킨다(5:37). 세 제자는 죽음에 대한예수의 권세를 목격할 수 있는 특권을 받았다. 예수의 권능을보았던 제자들은 예수께서 어떠한 분이시고 예수께 무엇을기대해야 하는지를 알 수 있었을 뿐 아니라 알아야만 했다.

이제 지금까지 관찰한 사건들을 요약하고자 한다. 우리는예수께서 갈릴리 바다의 유대 쪽으로 판명된 지역에서 나오시는 것을 보았다. 그는 이방인들의 땅에 도착하자마자 지금까지 행하신 것 중 가장 대규모의 귀신 축출 기적을 행하셨다. 마치 이방 땅을 완전히 깨끗하게 하시려는 것처럼 말이다. 그 후에 우리는 예수께서 유대 지역으로 돌아와서 지금까지행하신 것 중 가장 위대한 기적, 바로 야이로의 딸의 부활하게 하는 기적을 보게 된다. 갈릴리 바다를 두 차례 횡단한 것과 그 횡단 전후에 있는 사건들에는 논리가 있다. 그것은 유대인 편과는 단절하고 이방인들을 향해서는 변함없는 노력을 기울이는 [편향된] 논리가 아니다. 오히려 바다의 양쪽을 모두 포용하는 논리이다. 마치 유대 땅과 이방 땅이 모두 하나님 나라에 속하였다는 듯이, 두 땅은 모두 [예수께] 수용되었다.

유대인들을 받아들임

마가는 하나님 나라의 포괄적인 성격을 강조한 후에, 예수께서 나사렛에서 배척 받으셨다는 사실을 기록했다(6:1-6). 예수께서는 고향[hometown](RSV의 번역 his own country는 오해의 소지가 있다)에 들어가셨는데, 그곳은 나사렛이 틀림없다. 왜냐하면 예수께서는 나사렛 사람이시기 때문이다(1:9). 한편 마을 사람들은 예수를 의심하면서 거리를 두었다. 다른 한편으로 예수께서는 자신의 고향에서 존경받지 못한 선지자에 관한 유명한 말씀을 인용하시면서 마을 사람들과 관계를 끊으셨다(6:4). 특히, 그 말씀은 예수께서 나사렛 마을—넓은 의미에서의 친족들—과 가족들로부터 멀어지게 된 것을 정당화 해준다. 예외적인 경우가 약간 있을 수 있겠지만, 예수께서는 나사렛 사람들과 자신의 혈육에게 권능의 행위를 베풀 수 없으셨다(6:5). 예수의 가족 및 가장 가까워야 했을 사람들이 하나님 나라 운동에서 제외된 것이다. 주의 깊은 독자들은 이 나사렛에서의 배척 이야기를 예수께서 자신의 가족을 외부인으로 구분했었던 일전의 사건과 연결 지을 수 있을 것이다 (3:21, 31-35).

나사렛 사람들과 결별한 직후에, 예수께서는 열두 제자의 사역을 시작하셨다(6:7-13, 30). 열두 제자들은 예수의 권위를 받아 회개를 전하고, 치유하고, 귀신을 축출하면서 하나님 나라를 준비하도록 파송되었다. 제자들이 임무를 마치고 돌아올 때에는 사도가 되어 있었다(6:30). 이는 3:14의 경우가 제외된다면[3:14에 "사도"라는 단어가 없는 사본도 있다-역주] 마가가 제자들을 사도라고 부르는 유일한 경우가 된다. 이후로는 계속 제자들로 불린다는 말이다. 이들에게 사도직의 성격[nature]을 가르치는 것이 이 선교 여행의 성격이었다. 예수께서 함께 계실 때는 [말 그대로 예수의] 제자였지만, 예수께서 멀리 떨어져 계시거나 부재하실 때는 사도가 될 것이다. 따라서 이 선교 여행으로 인해 제자들은 미래에 예수께서 부재하실 때에 사도로서 역할을 감당할 수 있도록 준비되었다.

이 선교 이야기 안에 세례 요한의 죽음 이야기가 삽입되어 있다(6:17-29). 지금쯤 독자들은 마가의 삽입 기술[샌드위치 구조라고 부르기도 함-역주]에 친숙해져서, 이 경우에 열두 제자들의 선교와 세례 요한의 죽음 사건을 연결시키고 있는 복음서 기자의 의도를 알아차릴 수 있을 것이다. 이 두 사건을 동시에 기록한 것의 의미는 무엇일까? 두 가지 사항이 답을 얻는

데에 도움이 될 것이다. 첫 번째는 마가복음 내에서 세례 요
한의 역할과 관련되어 있다. 우리가 알고 있듯이, 세례 요한
은 예수를 앞서 전하는 자(forerunner)로 묘사된다. 하지만 요한
은 이 복음서 내에서 단순히 시간적인 의미에서 뿐 아니라 실
존적인 의미에서도 앞서 전하는 자이다. 즉, 요한은 예수를 시
간적으로 앞설 뿐 아니라 예수께 일어날 일에 대한 모델로서
역할을 하기도 한다. 곧, 요한이 죽음에 "넘겨졌듯이"(1:14),
예수께서도 죽음에 "넘겨질" 것이다(9:31; 10:33). 그렇기 때
문에 세례 요한의 수난 내러티브(6:17-29)는 예수 자신의 죽
음에 대한 예고로 인식될 수 있으며, 요한의 죽음을 제자들의
선교 사역과 동시에 기록하고 있는 것은 예수의 죽음과 사도
적 선교의 시작에 대한 유비로 인식될 수 있다. 말하자면, 요
한의 죽음이 제자들-사도들의 파송과 동시에 일어났던 것처
럼, 예수의 죽음도 선교의 시대를 알리는 일이 될 것이다.

　두 번째 사항은 복음서 내러티브가 미래를 위한(prospective)
특성과 교훈적인 특성을 가지고 있는 것과 관계된다. 마가복
음에 나타난 예수께서는 자신의 길을 계속 걸으시며, 제자들
이 미래의 어느 시점에 적용해야 할 것들(미래적 특성)을 보
여주시며 가르치신다(교훈적 특성). 마가복음 전반에 걸쳐 제
자들은 예수의 부재 시에도 사도적 책임을 맡을 수 있도록 훈
련되었다. 예수께서는 자신의 운명을 미리 알고 계셨기에 그

가 제자들과 더 이상 함께 있지 못할 때를 대비하여 그들을 준비시키셨다. 제자들이 이방 지역 여행에 참여한 것은 미래의 선교를 위한 준비였다. 또 제자들은 죽음을 다스리는 예수의 권능을 목격함으로써 예수께서 자신의 죽음을 다루실 것 (부활)에 대한 단서를 발견해야 했다. 제자들은 예수께서 나사렛 사람들과 결별하실 때에도 함께 있었는데(6:1), 이는 그들의 선교 사역이 일반적으로 예수와 가까운 사람들을 향하게 될 것을 경계하는 것이었다. 또한 제자들이 시도했던 선교 사역은 세례 요한의 죽음과 연관되어 이들이 사도적 역할을 감당할 시기가 언제인지 그 단서를 제공하게 되었다. 줄곧 예수와 함께 동행해야 했던 제자들은, 요한의 제자들이 그들의 스승을 장사지낸 것처럼(6:29), 예수를 장사지내야 할 것이며, 그 때가 되어서야 유대인들과 이방인들 모두를 향한 선교 사역에 착수하게 될 것이다. 마가의 복음 이야기의 이 시점에 서있는 제자들은 여기까지의 내용을 알 수 있었고 또 알아야 했다.

마가복음 6:31-33에는 사람들을 먹이신 첫 번째 기적의 배경을 제공하는, 다소 이해하기 어려운 배 여행이 이야기되고 있다. 예수와 제자들은 몰려드는 군중들로 인해 그들을 조용한 장소로 데려다 줄 배를 탔다. 그러나 육지에 있는 사람들은 예수와 제자들이 떠나는 것을 보고 도착지를 예상하고서 해안가를 따라 "도보로" 달려가 그들보다 미리 상륙 지점에 도착했다(6:33). 따라서 이 세 번째 여행은 바다를 건너는 것이 아니라 유대 쪽 해안가로 장소를 변경한 것이다.

오천 명을 먹이신 사건(6:34-44)의 배경은 유대적인 지역으로 볼 수 있는데, 이는 열두 바구니에 대한 언급으로 확증된다(6:43). 예수께서는 사람들을 "목자 없는 양과 같이"(6:34) 보셨다. 방향감각을 잃은 것과 같은 사람들의 상태는 예수께서 죽음을 맞으실 때에 마가복음 14:27에서 하신 예언("내가 목자를 치리니 양들이 흩어지리라")이 성취될 것을 예견하고 있다. 예수께서는 이렇게 지도자가 없는 상태를 대비하시기 위하여 먹이시는 이적을 행하신 것이다.

우리는 급식 기사를 읽으면서, 마가복음에서 언제나 그래야 하듯이, 예수의 역할 못지않게 제자들의 역할도 관찰해야 한다. 이 사건에서 제자들이 관여하는 정도는 예수를 단순히 보조하는 것을 넘어선다. 사람들에게 먹을 것을 주라는 명령을 받은 제자들(6:37)은 먹을 것을 찾으러 다녀야 하고(6:38), 무리들을 질서 있게 앉혀야 하며(6:39은 RSV에서 적절히 번역되지 않았다), 사람들에게 떡을 나눠줌으로써 그들을 먹여야 했다(6:41). 이는 제자들이 단순히 사람들을 먹이시는 예수를 보조하는 것에 그치는 것이 아니라, 사람들을 어떻게 먹여야 하는지를 보게 하기 위한 것이었다. 따라서 이 이야기

안에서, 예수께서 사람들을 먹이신 것만을 전달하고 있다는 이해는 충분하지 않다. 더욱 구체적으로, 마가복음의 예수께서는 목자를 잃게 될 상황을 내다보시고 제자들에게 〔하나님 나라〕 공동체의 유대인 편에 관한 책임을 맡기시는 것이라고 생각해야 한다. 그러나 주의 깊은 독자들은 제자들이 이 급식 기사의 의미를 제대로 이해했는지 계속해서 궁금해 할 것이다. 사람들을 보내어(6:35-36) 떡을 사오게 하자는 제자들의 제안(6:37)은 이들이 예수께서 하려고 하셨던 일을 처음에는 모르고 있었다는 것을 암시한다. 제자들이 예수의 지시를 따랐을 때에, 자신들이 사람들을 돌보는 목자의 위치에 서게 되었다는 사실을 이해했을까?

이방인들을 받아들임

유대인들을 받아들이는 이야기 이후에 우리는 동일한 이야기를 이방인들에 대하여 기대하게 된다. 우선 이방인들을 만나기 위해서는 바다를 또 한 번 건너야 한다. 전통적으로 '물 위를 걸으심'이라고 불리는 이 이야기(막 6:45-52)는 두 번째 배 여행에 속하여 있고, 마가복음 전체적으로는 네 번째 항해가 된다. 이번에 실제 횡단이 이루어졌다는 보도에는 의심의 여지가 없다. 마가복음 6:45는 "건너편으로" 가는 것에 대해 언급하고 있고, 6:53은 그 항해가 완수되었음을 이야기한다.

우리가 기억하는바, 예수와 제자들이 처음으로 바다를 건넜을 때에는 예수께서 이방인들을 위한 활로를 열었다. 두 번째로 바다를 건널 때에는 예수께서 제자들이 스스로 바다를 건너도록 재촉하셨다. 마가복음 6:45의 첫 번째 동사는 '재촉'과 '강요'의 뜻을 함축한다. 예수께서는 "제자들이 가게 하셨다." 즉, 예수께서는 제자들이 그의 도움 없이 바다를 건너도록 압박하셨다. 첫 번째 경우와 마찬가지로, 두 번째 항해 역시도 순탄하지 않았고, 이들은 역경을 극복하는 데에 실패했다. 예수께서 바다 위에 나타나셨을 때, 제자들은 놀라면서 예수를 유령으로 착각한다. 그러나 예수께서는 자신의 신분을 밝히고 배에 올라타 폭풍을 잠잠하게 하셨다. 하지만 제자들은 극도로 당황하였다. "이는 그들이 그 떡 떼시던 일을 깨닫지 못하고 도리어 그 마음이 둔하여졌기 때문이다"(6:52). 여기서 "떡"은 급식 기사를 떠올리게 하는데, 떡 떼시던 일에 대한 제자들의 이해 부족은 그들이 급식 기사의 의미를 이해하지 못했다는 독자들의 의심이 옳았음을 확증해준다. 제자들의 완고한 마음(둔한 마음)은 대단히 심각한 문제이다. (마태와 누가는 모두 제자들에게 가해진 이러한 비난을 받아들이지 않을 것이다.) 유대문헌에서 마음의 완고함은 불순종, 구원의 상실, 심지어는 죽음까지도 의미한다. 예수께서는 3:5에서 자신의 적대자들을 향해 마음이 완고하다고 비난한 적이 있으시기 때문에, 제자들에 대한 이러한 비난은 마가복음 내에서 더욱 극적으로 보인다. 이제 마가는 바로 그 비난을 제자들에게 적용함으로써 제자들과 대적자들을 동일시하는 결정적인 발걸음을 내딛는다.

예수께서는 이방 지역에 도착하신 후에 게네사렛에서 많은 병 고침의 기적들을 행하셨다(6:53-56). 독자들은 처음 이방 지역에 도착했을 때 대량의 귀신 축출이 있었다는 것을 기억할 것이다. 이 두 번째 경우는 병 고침 사역으로 이어진다. 이방인들에게 대한 예수의 행적은 분명하게 유대인들을 향한 예수의 행적과 평행을 이룬다. 유대 쪽에서의 예수의 첫 번째 권능의 행위가 가버나움 회당에서의 귀신 축출이었다는 것을 우리는 살펴보았다(1:21-28). 이 귀신 축출 이적 이후에, 즉시 베드로 장모의 치유 기사가 뒤 따른다(1:29-31). 마가가 말하고자 했던 핵심은 분명한 것 같다. 마가가 전하고 있는 예수께서는 바다 양편에서 동일한 방식으로 행동하심으로써 유대인과 이방인을 모두 〔하나님 나라 백성으로〕 받아들이고 인정하고 계신 것이다.

마가복음의 저자는 유대적인 관점에서 느끼며 글을 쓴다. 마가는 이방인들과의 통합을 특별한 설명이 필요한 어려운 문제로 여겼다. 이방인들을 받아들이기 전에 법적인 문제가 해결되어야 했다. 이것은 의식적 금기의 폐지를 의미했다

(7:1-23). 이방 땅에서의 논쟁 기사는 식사 전에 손을 씻는 의
식에 대한 논쟁으로 시작된다(7:1-5). 그러나 논쟁이 전개되면
서, 이 문제는 모든 정결의식이 검토되어야 한다는 지점까지
극단적으로 치닫는다. 결국 마가복음의 예수께서는 씻는 것
에 대한 의식적 규례들뿐 아니라, 정결의식과 관련된 모든 규
례들을 파하신다(7:15). 내적 정결이라는 새로운 덕〔morality〕이
외적 정결을 대체하게 된 것이다.

복음 이야기의 줄거리 맥락에서, 의식적 금기들을 폐지함
으로써 이방인들의 수용을 방해하던 법적인 장벽이 무너지
게 된다. 하나님 나라에서 중요한 것은 유대적인지, 이방적인
지가 아닌 사람들의 마음이다. 제자들은 바로 이 새로운 덕
을 내면화 하도록 요청받고 있다. 하지만 예수께서는 제자들
의 부족한 이해에 대한 실망을 사적인 공간에서 표하시면서
(7:17-18) 추가적인 가르침을 주시는데(7:18-23), 이때 제자들
이 예수와 하나님 나라의 성질을 이해했는지, 앞으로도 계속
이해하지 못할 것일지에 대한 성가신 문제가 다시 제기된다.

예수께서는 오늘날 우리가 개방사회〔open society〕라고 부를
만한 것을 합법화신 후에, 곧바로 그 사회의 경계를 북쪽 멀
리까지, 그리고 예루살렘 중심에서 멀리 떨어진 곳까지 더 확
장시키셨다. 수로보니게 여인을 대하실 때에는(7:24-30), 새
로운 공동체의 정체성을 지리적, 인종적, 성적 극단까지 밀어

붙이셨다. 이를테면, 예수께서는 주로 두로 주변에 있는 이방
지역을 여행하셨는데(7:24), 이것은 지리적인 확장을 의미한
다. 그리고 그곳에서 한 이방인을 만나셨던 것은 인종적 확장
이다. 또 예수께서는 두 명의 고통 받는 모녀를 도우셨다. 이
것은 성적인 포괄성을 보여주는 것이다.

　예수께서는 딸에게서 귀신을 쫓아내달라는 수로보니게 여
인의 요청에 유대인과 이방인 중에 누가 먼저인지에 대한 문
제를 제기함으로써 응답하신다. 자녀로 먼저 배불리 먹게 하
고 자녀의 떡을 취하여 개들에게 던짐이 마땅치 아니하다는
예수의 발언은 유대인의 우선성을 분명히 한다. 여기에서 자
녀들은 유대인들을 의미하고 개들은 이방인들을 가리키는 것
이 확실하다. 그리고 〔여기에서〕 우리는 복음서의 저자가 기본
적으로 유대인의 관점에서 이야기하고 있다는 것을 알 수 있
다. 실제로 마가가 묘사하고 있는 예수의 길〔way〕은 '먼저는
유대인들에게, 나중은 이방인들에게'라는 패턴을 정확하게
따르고 있다. 원칙적으로 하나님의 나라는 유대인들의 특권
이다. 그러나 인식과 결단력에 있어서 제자들을 능가하는 수
로보니게 여인이 예수께 나아와 자신의 고통 받는 딸에게 권
능을 베풀어 주시기를 간청하고 있다. 이에 대한 응답으로 예
수께서는 그 딸을 고쳐주시고, 그러한 방식으로 이 두 명의
이방 여성들에게 복을 베풀어주셨다.

아직까지 예수와 제자들이 유대 지역으로 돌아갔는지에 대한 언급은 나타나지 않는다. 예수께서는 이방 여인을 치유하신 후에, 이방 지역을 두루 둘러보시는 광범위한 여행을 시작하시는데, 그 지역은 (갈릴리 바다 동편 지역에 인접한) 북쪽의 두로와 시돈 지역과 갈릴리 바다 남서쪽의 데가볼리 지역으로 모두 이방인들이 우세한 지역들이다(7:31). 예수께서 귀먹고 말 더듬는 자를 고치신 사건—이방 쪽에 계시는 동안 이루어진 마지막 권능의 행위—은 아마 이 이방 지역을 여행하시는 중에 일어났을 것이다(7:32-37). 우리는 이방인들에게 나아가는 것이 힘든 일이라는 데에 다시 한 번 주목하게 되는데, 마가는 내러티브를 통해 이것을 아주 정교하게 잘 논증해 냈다.

이방인들 가운데서 행해진 대규모의 귀신 축출(5:1-20)과 다수의 치유 이적들(6:53-56), 그리고 이방 땅에서의 한 개인의 귀신 축출(7:24-30)과 한 개인의 치유 사건(7:32-37)이 있은 후에, 이방인들을 공식적으로 수용하는 때가 이르렀다. 사천 명을 먹이신 사건(8:1-9)은 이전에 〔유대 지역에서〕 오천 명을 먹이신 것에 상응하는 사건으로 이방인을 정식으로 〔하나님 나라 백성으로〕 인정하는 것에 대한 확증이 된다. 그 이야기의 문맥과 적어도 이 이야기에 나타나는 한 가지 특징적인 소재를 고려한다면 그러한 해석으로 귀결된다. 문맥적으로 볼 때, 이 복음서의 드라마는 동쪽 해안가〔이방 지역〕로의 두 번째 여행 이후 절정을 이루게 되는 급식 사건을 향해 점점 발전해 가고, 예수의 광범위한 여행(7:31)은 예수의 이방인 선교 사역의 결론부로 보인다〔급식 이적은 이 결론부에 속하여 있다-역주〕. 이 이야기 자체에 나타나는 한 가지 이방적인 표식은 숫자 "일곱"의 반복되는 언급과 관련이 있다(8:5, 6, 8). 말하자면, 제자들이 반복해서 말해야 하는 숫자 일곱(8:5)은 일반적으로 이방인들을 상징할 때에 사용된다. 유대인들이나 유대 기독교인들의 관점에서 볼 때, 일곱은 전체성과 완전성과 보편성을 나타내는 숫자이다. 유대인들을 먹이신 이적에서는 숫자 열둘을 강조하고 이방인들을 먹이신 이적에서는 숫자 일곱을 강조함으로써, 마가가 예루살렘에 있는 초기 기독교 공동체—누가에 따르자면, 열두 사도의 리더십 구조와 스데반의 감독 아래에서 일곱 헬라인들로 구성된 집단이 주재하는 공동체(행 6:1-6)—를 떠올리고 있을 가능성을 배제시킬 수는 없다.

예수께서는, 첫 번째 먹이신 이적과 마찬가지로, 두 번째에서도 무리들을 불쌍히 여기시는 마음과 사람들의 필요에 대한 응답으로 행동하셨다(6:34; 8:2). 이때에도 첫 번째 먹이신 이적과 다르지 않게 제자들을 적극적으로 참여하게 하셨다. 제자들을 부르시고(8:1), 축복하신 후에 그들에게 떡과 물고기를 나눠주시고, 그 음식을 사람들에게 나눠주라고 말씀하신다(8:6). 이러한 방식으로 제자들은 이방인들을 먹이는 사건에 참여하게 된다. 유대인과 이방인에 대한 두 번의 급식 사건은 제자들의 미래의 역할과 그들이 책임져야 할 공동체가 어떠한 공동체인지를 일깨워 준다.

급식 기사 직후에 또 다른 배 여행이 소개되는데, 이는 다섯 번째 배 여행에 해당한다. 하지만 세 번째 여정과 같이, 실제적인 횡단은 아니었다. 우리는 이 이방 해안에서의 장소의 변화를 알아챌 수 있다. 이 배경에서 일어나는 바리새인들의 표적을 보여 달라는 요구(8:11-12)는 완수된 이방인 선교와 관계될 것이다. 하늘로부터 오는 표적은 이방인들이〔하나님 나라 백성에〕포함되었다는 것을 확증해 줄 것이다. 하지만 예수께서는 표적을 보여주시기를 거절하시는데, 이것의 함의는 그분 자신이 바로 하늘로부터 인정된 권위자라는 것이다(1:11). 즉, 예수 자신이 바로 하늘로부터 오신 표적으로서 더 이상의 표적은 필요 없다는 것이다.

한 덩이의 떡 문제

마가복음 8:13은 유대 쪽으로 되돌아오는 여행으로서의 갈릴리 바다 횡단을 보여준다. 이 여섯 번째이자 마지막 여행으로 긴 여행 일정이 마무리 되는데, 이때 긴박한 분위기로 끝이 난다. 이 마지막 바다 횡단이 진행되는 동안 예수와 제자들 사이의 갈등은 전례가 없을 정도의 절정에 이르면서, 독자들은 제자들이 이 여행의 논리를 이해하지 못했다는 것을 확신할 수 있게 된다.

예수와 제자들 사이의 대결(8:14-21)—이 절정의 사건은 그렇게 불려야 한다—은 제자들이 여행에 떡덩이를 가져오는 것을 잊었다는 진술로 시작된다(RSV가 8:14에서 떡을 단수로 번역하는 것은 오역이다. 플롯을 이해하는데 복수형이 결정적이다). 제자들은 떡덩이가 없는 것 때문에 걱정하고 있지만, 사실상 배에 한 덩이의 떡을 가지고 있었다(8:14). 하지만 8:16에서 제자들은 계속해서 떡이 없음에 대해서 논의하면서 한탄하고 있다. 제자들의 고민은 음식 부족과 공급이라는 물질적인 차원으로 넘어간다. 예수께서 제자들의 이러한 제한된 생각을 알아차리고서, "너희가 어찌 떡이 없음으로 수군거리느냐? 아직도 알지 못하며 깨닫지 못하느냐?"고 물으신다(8:17). 그들은 나무로 인해 숲을 보지 못한 것과 같았다. 제자들은 떡 덩이들을 구하고 있지만, 이미 한 덩이의 떡을 가지고 있었다. 그럼에도 불구하고 제자들은 그 사실을 인지하지 못했다. 실은, 가지고 있었지만 볼 수 없었던 것이다. 제자들은 유대인과 이방인의 하나 됨〔oneness〕을 구현해 주는 한 덩이의 떡을 가지고 있다. 이 하나 됨은 예수께서 배를 통한 여행들을 통해서 분명하게 보여주셨던 것이었다. 제자들이 가지

고 있었던 떡덩이는 모든 사람들의 하나임〔unity〕을 상징하는
것이다〔고전 10:17을 참조하라-역주〕. 배 여행은 순전히 이 하나 됨
을 위한 것이다.

　예수께서는 이제 제자들의 실패에 분노하시면서 이들의 마
음의 완고함을 재차 꾸짖으셨다(8:17). 독자들은 6:52에서 마
가가 제자들을 예수의 적대자로 묘사하기 위해 처음으로 이
렇게 책망하셨다는 사실을 기억할 것이다(참조, 3:5). 그러나
이번에 마음의 완고함에 대한 책망은 보지 못하는 눈과 듣지
못하는 귀에 대한 책망(8:18, "너희가 눈이 있어도 보지 못하
며 귀가 있어도 듣지 못하느냐?")으로 특징 지어진다. 이 책
망은 마가복음에 나오는 과거의 어떤 극적인 순간을 반복한
것이기도 하다. 4:11-12에 보면, 예수께서 열둘과 "예수 주변
에 있는 자들"을 외부인들과 분리하고, 그 외부인들을 "보기
는 보아도 알지 못하며 듣기는 들어도 깨닫지 못하는"(4:12)
사람들이라고 묘사했던 것이 나타난다. 마가는 이제 이 외부
인들에 대한 특징을 제자들에게 적용함으로써, 사실상 그들
을 외부인들로 본 것이다. 마음의 완고함이라는 책망은 제자
들로 하여금 대적자의 입장에 서게 하고, 보지 못하고 듣지
못한다는 책망은 그들이 내부자라는 특권적 위치를 상실하게
될 것을 드러낸다. 예수를 따르는 자들은 적대자들이 되어가
며, 내부자들은 외부인들이 되어 가고 있다.

마침내 예수께서는 제자들에게 이 여행 중에 목격하며 참여하는 특권을 누렸던 두 가지 중대한 사건들을 상기시키신다. 예수께서는 떡 다섯 덩이로 오천 명을 먹이신 사건과 떡 일곱 덩이로 사천 명을 먹이신 사건에서 얼마를 거두었는지를 물으시며, 제자들로 하여금 상징적인 숫자들인 열둘과 일곱을 대답하게 하셨다(8:19-20). 그리고서 "아직도 깨닫지 못하느냐?"고 물으셨다(8:21). 이 달갑지 않은 어조의 물음이 답변되지 않은 채, 여행은 끝나게 된다.

요약

마가는 4:35-8:21에서 하나님 나라의 공동체 차원의 기초적인 이야기, 곧 둘로 나누어진 인종이 결국에는 하나가 되는 이야기를 서술하고 있다. 마가는 이러한 연합을 성취하기 위해 여러 상징들을 사용한다. 양쪽 사이의 장애물로서 역할을 하는 '바다', 이방인을 포함시키는 것에 대한 어려움을 극적으로 표현하는 '두 번의 풍랑 장면', 각각 유대적 정체성과 이방적 정체성을 의미하는 '양편으로 나뉜 영토', 하나 됨을 의미하면서 그것을 이해하지 못하는 제자들을 가리키는 데에 사용된 '떡과 떡덩이들', 통합의 수단으로서 기능을 하는 '배', 전체 단락에 구체적인 논리를 부여하는 '여섯 번의 배 여행'이 바로 그러한 상징들이다. 양쪽 지역을 번갈아 오고가며 각

지역에서 마땅한 축복과 존중을 표하는 이 배 여행들은 통합
으로의 움직임을 극적으로 보이게 한다. 이러한 여행의 결과
로서 발생하는 것은 바다가 장벽으로서의 힘을 잃고 통합의
상징으로 변형되어 유대인과 이방인 사이의 갈라진 틈에 다
리가 놓이게 되었다는 사실이다. 두 개나 그 이상의 많은 떡
덩이가 아닌, 오직 하나의 떡 덩이만이 있을 뿐이다. 인간의
상태는 더 이상 서로 적대하는 한 쌍으로 설명되지 않는다.
반대와 적의는 극복된다. 이것이 바로 배 여행 단락에 내포된
근본적으로 종교적인 의미〔significance〕이다. 둘이 하나가 된다.
하나님 나라에는 보편적인 차원이 있다.

마가의 하나 됨과 평등에 대한 관심은 남성과 여성의 문제
까지 확장된다. 새로운 공동체 안에서 남성과 여성의 동등한
지위를 공고히 하기 위하여, 바다의 양쪽 지역에 남성과 여성
을 배치시키고 있는 마가의 노력을 간과하기 어렵다. 복음서
기자는 유대 지역에서 한 아버지와 그의 딸을 일으키는 것뿐
아니라(5:21-24, 35-42), 한 여성의 치유를 이야기한다(5:25-
34). 이방 지역에서는 한 어머니와 그녀의 딸에 관하여 이야
기하며(7:24-30), 고통 받는 남성에 관한 두 가지 추가적인 이
야기를 들려준다(5:1-20; 7:32-37). 유대 지역과 이방 지역의
남성들과 여성들은 하나님 나라 안에서 통합된다.

마가는 통합하고 평등하게 하지만, 이때 제자들을 희생양

으로 삼는다. 이 단락에서 예수의 진정한 대적으로 나타나는
것은 바로 제자들이다. (유대인들이 아니다!) 제자들의 실패
는 유대 지역으로 되돌아가는 마지막 여행에 집약되어 나타
난다. 제자들의 마음의 완고함에 대한 책망과 이들의 완전한
인식 부족에 대한 책망은 제자들이 처음에 가지고 있었던 특
권적인 내부자 지위를 역전시킨다. 그들은 예수의 여행 논리
를 이해하지 못했으며, 이제는 오히려 하나님 나라로 가는 길
을 막는 걸림돌이 되려고 한다. 내부자들은 적대자들이자 외
부인들이 되어버렸다.

　이 배 여행 단락은 독자들에게 한 가지 질문을 남겨둔다.
제자들이 예수의 길을 이해했는가? 아니면 이해하지 못했는
가? 제자들이 예수와 함께 예루살렘으로 가는 길을 떠났을
때, 이들은 하나님 나라의 성질을 적절히 이해하지 못한 채,
예수께서 그들에게 하라고 명하시고 또 되라고 가르치셨던
것을 기억하지 못한 채, 떠났다. 예수의 사역을 이해하지 못한
것은 심각한 결과를 초래하게 될 것이다. "그들이 돌이켜 죄
사함을 받지"(4:12) 못한다면 말이다.

제3장
인자의 고난
마가복음 8:22-10:52

마가복음의 중심 단락(8:22-10:52)은 북쪽 거라사 빌립보 지역에서 예루살렘 문턱 벳바게와 베다니까지의 길을 추적한다. 예수께서는 이 길을 여행하시면서 특별히 예루살렘에 도착한 이후에 일어나게 될 일들에 대하여 제자들을 대비시키신다. 결과적으로 독자들은 예수의 인격에 대해 깊은 통찰을 갖게 되고, 마찬가지로 제자들의 본성에 대해서도 깊이 알게 될 것이다.

죽음으로 가는 여행

우리는 시작하면서 마가의 길 모티프 구성을 살펴보려 한다. 마가는 이 중간 단락에서 "길에서"라는 어구를 자주 사용했다. 부분적으로, 마가는 이 구성 장치를 사용해서 예수와

제자들의 여행을 스케치 했다. 가장 처음에(8:27) 예수께서
는 "길에서" 자신의 신분에 관한 매우 중요한 질문을 하셨다.
이 길 모티프의 시작 지점은 가이사랴 빌립보와 관련이 있다.
(마태와 누가 평행본문에는 이 길 모티프가 나타나지 않는
다.) 그리고 이 중간 단락 전체(8:22-10:52)는 눈을 뜨게 된 바
디메오가 "길에서 예수를 따랐다"(10:52)는 진술로 마무리된
다. 또 이 길 모티프는 예루살렘을 준비한다. (마태와 누가 평
행본문에는 이 모티프가 나오지 않는다.) 마가복음 9:33에서
는 예수께서 제자들에게 "너희가 길에서 서로 토론한 것이 무
엇이냐"고 물으시기에, 독자들은 제자들이 누가 더 큰지에 대
해 논쟁하고 있었던 곳이 "길에서"(9:34)였다는 것을 알게 된
다. 이때 길 모티프는 가버나움과 연결되어 있다. (이 모티프
도 마태와 누가 평행본문에는 없다.) 10:17에서 마가는 "예수
께서 길에 나가실새"라고 진술하면서 〔"길에서"와〕 문자적으로
동일한 어구를 사용한다. (이 모티프 또한 마태와 누가 평행
본문에는 없다.) 마지막으로 10:32을 보면, 이 길 모티프는 처
음으로 예루살렘과 연결된다. "예수의 일행이 예루살렘으로
올라가는 길이었다." (마태와 누가 평행본문에 이 모티프가
없다.)

　　마가복음의 중심 단락이 길 모티프로 구조화 되었다고 말
하는 것은 과언이 아니다. 마가는 이 단락의 시작과 끝 부분

에, 그리고 그 사이에 일정한 간격으로 "길 표지들"(way signs)
을 집어넣었는데, 이 부분에 해당하는 마태복음과 누가복음
에는 이러한 길 표지들이 나타나지 않는다. 마가는, 마태와 누
가보다도, 자신의 복음 이야기 중간 부분을 여행의 관점에서
바라보려 했던 것이다. 마가는, 앞선 단락에서 이야기를 여섯
번의 배 여행으로 구조화했던 것처럼, 이 중간 단락도 여섯
번의 길 언급으로 구성하였다.

　마가는, 길과 관련된 구조에 더하여, 포괄적인 틀로 이 단
락을 둘러쌌다. 마가는 첫 부분에서 벳새다 맹인을 치유한 이
야기를 보도하고(8:22-26), 마지막 부분에서는 맹인 바디메오
를 치유한 이야기를 기록한다(10:46-52). 따라서 전체 단락은
눈을 뜨게 된 맹인을 묘사하는 두 이야기에 의해 틀이 형성된
다. 저자는, 이 중심 단락을 그러한 방식으로 구성함으로써,
이 단락이 분명히 해석될 수 있게 했다. 틀이 내용을 좌우하
듯이, 틀이 되는 이 두 이야기는 여행의 목적을 해석하기 위
한 빛을 비추어 준다. 예수께서는 길의 가장 처음과 마지막에
서 (맹인의) 눈을 열어주셨는데, 이 사건은 그 길 내내 예수와
제자들의 관계를 특징지어 주는 것이기도 하다. 곧, 제자들의
눈을 뜨게 하여 그들로 하여금 보게 하는 것이 빌립보 가이사
랴에서 예루살렘까지 가는 이 여행의 최우선적인 목적이다.
예수께서 길의 시작과 끝에 등장하는 두 맹인을 위해서 하신

일은 바로 그 길을 걷는 내내 제자들을 위하여 하려고 노력하
신 일과 같다.

마가복음의 예수께서 길에서 그의 제자들에게 가르치신 것
은 무엇일까? 예수께서는 제자들이 무엇을 보기를 원하셨을
까? 예수께서 세 번이나 반복하신 말이 있고, 그러한 반복은
독자들에게 그 말의 중요한 의미를 알려준다. 예수께서는 예
루살렘으로 가시는 길에 세 번이나 그의 임박한 죽음과 부활
을 예언하셨다(8:31; 9:31; 10:33-34). 세 차례의 소위 수난-
부활 예고에 사용된 어구(dictions)는 완전히 동일하지 않기에,
성서학자들은 이 세 예언들 사이에 미세한 차이에 대하여 언
급한다. 하지만 일반적으로 볼 때 각각의 수난-부활 예고는
인자가 죽어야 하고, 그가 삼일 만에 부활할 것이라는 같은
메시지를 전하고 있다. 우리는 수난-부활 말씀의 전반부인 고
난과 죽음이 상당 정도 설명되어있는 반면, 부활 부분은 간결
한 어구로 표현 되어있다는 것을 확인할 수 있다. 고난 부분
에는 예수께서 거절을 당하고, 기득권층의 수중에 넘겨지게
되어, 고난을 당하고, 죽임 당하게 된다는 내용이 크게 강조되
어 있고, 이어지는 언급인 삼일 만에 예수께서 부활하신다는
내용은 대체로 싱겁게(anticlimactic) 들린다.

더욱이 각각의 수난-부활 예고는 지리적으로 다른 장소에
서 표현되었다. 첫 번째는 가이샤랴 빌립보에 나타나고(8:27),

두 번째는 갈릴리 가운데로 지나갈 때 등장하며(9:30), 마지막 세 번째는 예루살렘으로 올라가는 길에 나타난다(10:32). 이러한 방식으로 마가는 수난-부활 예고를 여행 모티프와 조심스럽게 통합시킨다. 예수께서는 세 번, 그리고 세 곳의 다른 장소에서, 자신의 끔찍한 죽음과 부활에 대해서 진지하게 말씀하신다.

이 세 번의 수난-부활 예고는 제자들을 위한 것이 분명하다. 하지만 주의 깊은 독자들은 마가가 청중들을 특별하게 다루고 있다는 것을 알게 될 것이다. 첫 번째 수난-부활 예고는 대략적인 제자 무리들을 향한 것이다(8:31). 두 번째 예고도 제자들이 들었지만(9:31), 그 해석은 특별히 열두 제자들에게만 주어진다(9:35). 세 번째 예고는 오로지 열두 제자들만이 들을 수 있었다(10:32). 마가에 따르면, 제자들이란 예수를 따르는 자들의 큰 집단을 의미하고, 열두 제자들은 이 집단의 리더십을 의미한다. 복음 이야기의 몇몇 지점에서 마가는 공동체의 리더십이 될 열둘(혹은 셋, 베드로와 야고보와 요한)에게만 특별히 중요한 메시지를 전하였다. 수난-부활 예고를 세 번이나 반복하여 언급하심으로써, 그리고 그 예고의 대상을 점점 열두 제자에게 맞추어 감으로써, 마가는 요점을 매우 분명하게 했다. 즉, 예수께서 죽고 부활하시기 위하여 예루살렘으로 가고 계신다는 것을 제자들, 무엇보다도 열두 제자들이 예루살렘으로 가는 길에서 배워야 하는 것이었다.

예수께서는 세 차례, 세 곳의 다른 "십자가 역"〔stations of the cross〕에서 제자들에게, 〔아니, 시간이 지날수록〕 점점 열두 제자들에게 예루살렘으로 가는 여행의 목적에 대해 가르치셨다. 예수께서는 제자들의 눈을 뜨게 하려는 노력을 아끼지 않으셨고, 그들이 예수 생애의 의미를 깨닫도록 애쓰셨다. 예수께서는 고난을 받고 버린바 되어 능욕 받으며 침 뱉음을 당하고 결국에는 죽임을 당하게 되실 것이다. 그러나 그는 죽음을 이기고 삼일 후에 부활하실 것이다. 여기까지가 열두 제자들이 알 수 있고 알아야만 했던 것이다. 이들은 예루살렘에 도착할 때까지 앞으로 일어날 일에 대하여 준비될 수 있었고 준비 되어야만 했다. 모른다 하더라도 변명의 여지는 있을 수 없었다. 예수께서는 제자들의 눈을 여시기 위하여 사력을 다하셨다.

마가의 복음 이야기의 이 지점에서, 독자들은 예수의 메시지와 사역에 대한 제자들의 인식에 심각한 문제가 있음을 충분히 알고 있을 것이다. 이 제자들이 결국 진실을 알게 될까? 아니라면, 예수의 삶과 죽음의 실체 앞에서 눈이 먼 채로 남아있을까? 독자들은 세 번의 수난-부활 예고에 대한 제자들의 반응을 관찰함으로써 이 물음에 대한 답을 얻게 될 것이다.

베드로와 예수의 대결

첫 번째 수난-부활 예고(8:31)는 전통적으로 베드로의 신앙
고백이라고 불리는 더욱 큰 이야기 단위의 일부를 차지하고
있다. 우리는 이어지는 지면에서 이 전통의 부적절함을 입증
하고, 예수와 베드로의 대결이라는 제목을 더욱 적절한 제목
으로 제안하고자 한다(8:27-33). 이 사건은 예수의 신분에 대
한 베드로의 질문으로 시작되고(8:27), 이어서 다양한 의견들
이 제시된다(8:28). 그 후 예수께서는 제자들에게 그들의 생
각을 물으셨고, 제자들의 대변자인 베드로는 이 질문에 "주
는 그리스도시니이다"(8:29)라는 신앙고백으로 대답한다. 이
지점에서 독자들은 틀림없이 베드로의 이러한 대답이 정확하
고, 따라서 진정한 고백이라고 생각할 것이다. 이는 마가가 베
드로의 그리스도 고백을 가지고 "하나님의 아들 예수 그리스
도의 복음의 시작이라"(1:1)라는 마가복음의 첫 구절을 확증
하는 것으로 보인다는 이유 때문에라도 그렇게 생각될 것이
틀림없다.

하지만 이른바 베드로의 신앙고백의 정확함은 우리가 읽
는 것을 여기에서 멈출 때에만 주장될 수 있다. 우리가 〔마가
의 복음 이야기를〕 끝까지 읽는다면 베드로의 신앙고백의 확실
성은 급격히 감소하게 될 것이다. 베드로의 고백에 대한 예수
의 반응은 이상하게 보인다. "그리고 그는 그들을 꾸짖으시

며 자신에 대해서 아무것도 말하지 말라고 하셨다"("그들에게 명령하셨다"는 RSV 번역은 원문에 충실하지 못하다). 이 반응이 보여주는 바와 같이, 이 구절은 모호하고, 베드로의 고백이 옳았는지 아니면 잘못되었는지에 대한 판단을 열린 채로 남겨둔다. 한편으로 이 진술은 예수께서 베드로의 신앙고백이 옳았기 때문에 제자들이 침묵하기를 원하셨음을 의미할 수도 있다. 이것이 불합리하게 보일 수도 있겠지만, 그렇지 않다. 왜냐하면 예수께서는 이 복음서 초반부에서 귀신들이 자신을 안다고 할지라도 그들에게 자신의 신분이 알려지게 하지 말라고 하셨기 때문이다(1:34; 3:11-12). 베드로와 제자들이 예수의 참된 신분을 인지하고 있었기에 예수의 신분의 비밀〔incognito〕을 지켜야 했을 가능성도 있다. 다른 한편으로 이 구절은 제자들이 예수에 대한 잘못된 이해를 가지고 있기 때문에 잠잠하라고 꾸짖음 당한 것을 의미할 수도 있다. 그러므로 8:30으로 인해 독자들의 마음에 떠오른 질문은 다음 두 가지로 정리될 수 있다. 베드로의 신앙고백이 정확하기〔올바르기〕 때문에 숨겨져야 하는가? 아니면, 정확하지〔올바르지〕 않고 아마도 그릇된 편견 아래에서 형성되었기 때문에 숨겨져야 하는가? 독자들의 기대는 부풀어 오르고 호기심은 가득하여 〔마가의 복음 이야기를〕 계속 읽어 나가고 싶은 마음으로 충만할 것이다. 8:30은 이 특별한 이야기의 끝이 분명히 아니다.

8:31에서 마가는 예수의 첫 번째 수난-부활 예고를 언급한다. "인자가 많은 고난을 받고 장로들과 대제사장들과 서기관들에게 버린바 되어 죽임을 당하고 사흘 만에 살아나야 한다." 즉, 예수께서는 제자들에게 침묵을 요구하지 않고 "드러내어 놓고"〔plainly〕(8:32) 이 말씀을 하신다. 문맥에 따르면, 이것은 현재 베드로의 신앙고백에 대한 응답으로 주어진 예수의 고백이다. 이 지점에서 독자들은 여전히 예수의 고백과 베드로의 고백이 일치하며, 베드로의 고백이 예수의 고백과 조화된다고 생각할 수도 있다. 하지만 이는 이 이야기 내에서 베드로의 신앙고백이 책망을 피할 수 있는 마지막 순간이다. 8:32에서 베드로는 예수의 고백에 뒤이어 그분을 꾸짖는다. 이제 이것은 오해의 여지가 없을 정도로 분명하다. 베드로가 예수의 고백에 뒤이어 그분을 꾸짖었다면, 베드로는 예수의 고백에 동의하지 않는 것이며, 베드로의 그리스도 신앙고백은 고난 받는 인자로서의 예수의 고백과 조화를 이룰 수 없는 것이다. 베드로의 그리스도 개념이 무엇이든지 간에, 그것은 예수의 그리스도 개념과는 모순된다.

예수와 베드로의 대결은, 우리가 마가복음에서 '꾸짖다'라는 단어가 귀신 축출을 뜻하는 전문 용어라는 사실을 기억할 때, 훨씬 더 극적으로 다가온다. 예수께서는 일전에 더러운 영을 꾸짖으실 때에(1:25), 그를 귀신의 세력으로 취급하셨다. 마가의 이야기에 나오는 세 번의 꾸짖음(8:22-10:52을 제외하고 3번으로 1:25; 3:12; 4:39을 말한다-역주)은 귀신과 관련된 배경을 떠오르게 하고, 두 등장인물이 서로를 사탄적인 인물로 대우하고 있음을 암시한다. 예수께서는 베드로의 신앙고백이라는 것에 대하여 베드로와 제자들을 꾸짖으셨다(8:30). 그리고 베드로는 예수의 인자에 관한 고백에 대하여 예수를 꾸짖었다(8:32). 이 이야기는 예수께서 다시 베드로를 꾸짖으시면서 정점에 이르고, 이제 그들이 서로를 사탄이라고 꾸짖는 상황 속에서 논리적으로 베드로의 정체를 드러낸다(8:33).

마가는 8:27-33에서 자신이 극작술(dramatic art)의 전문가라는 것을 입증해 보인다. 예수와 베드로의 대결 장면은 능숙하게 계획되고 신중하게 짜인 극적인 플롯이다. 마가는 독자들이 거의 본능적으로 자신들을 베드로(베드로의 그리스도 신앙고백)와 동일시하게끔 장면을 설정한다. 말하자면, 마가는 독자들로 하여금 베드로의 신앙고백을 액면 그대로 받아들이도록 부추긴다. 그러나 그 후에 마가는, 마지막에 가서 베드로 신앙고백의 진실성을 파괴하고 독자들이 베드로에게 느꼈던 공감대를 부숴버릴 때까지, 점차적으로 베드로의 부정적인 면을 강조하면서 이 드라마를 전개해 나간다. 이 장면은 예수와 베드로가 매우 극적으로 대결할 때, 즉 서로를 꾸짖고 마지막에 가서는 베드로가 사탄으로 드러날 때에 정점에 이른

다. 마가복음에서 베드로는 사탄적인 인물로 밝혀지는, 그것
도 예수에 의해서 그 정체가 탄로 나는 유일한 사람이다. 이
제 압도적으로 분명해졌다. 베드로의 신앙고백은 올바른 신
앙고백이 아니었다. 기독교인들이 과거에 그래왔던 것처럼
8:27-33을 베드로의 신앙고백 이야기로 부르는 것은 마가의
각본을 완전히 잘못 읽은 것이다. 이른바 베드로의 신앙고백
이라는 것은 예수께서 베드로를 반박하시고 그럼으로써 베드
로의 신앙고백을 의심하도록 만들도록 극적으로 전개되는 이
야기의 초기 단계에서만 통하는 묘사일 뿐이다. 그러한 이유
로 우리는 마가복음 8:27-33을 예수와 베드로의 대결로 불러
야만 한다.

제자들의 이해 부족

예수와 베드로의 대결은 첫 번째 수난-부활 예고와 관련
하여 제자도의 실패를 드러낸다. 첫 번째 수난 예고에 뒤이
어 베드로가 사탄으로 드러난 반면, 두 번째 예고 후에는 제
자들의 몰지각함이 드러난다. 두 번째 예고(9:31) 직후에, "그
러나 제자들은 이 말씀을 깨닫지 못하고 묻기도 두려워하더
라"(9:32)라는 간결한 언급이 뒤따른다. 여기에서 두 가지 모
티프, 곧 제자들의 이해 부족과 설명을 요청하기 두려워하는
마음은 서로를 보강하면서 제자들의 딜레마 상태를 강화시킨

다. 들은 것을 이해하지도 못하면서 알기를 두려워하기까지 한다면, 이들은 무지 속에 더욱 더 깊이 갇히게 될 것이다.

마가는, 독자들이 아직 제자들의 부족함에 충분하게 유념하고 있지 않다는 듯이, 예수를 따르는 자들로서의 제자들의 실패를 계속해서 강조한다. 우리는 9:33-34를 통해 제자들이 가장 좋아하는 논의 주제가 개인의 권세와 명성이라는 것을 익히 알고 있을 것이다. 제자들 중에 누가 제일 큰가? 이는, 마가복음에 관한 한, 예수의 제자가 보여야 할 행동은 아니었다. 예수께서는 두 번이나 자신의 임박한 고난과 고문과 죽음에 대해서 전해주셨다. 이 두 번째 예고에 대한 제자들의 반응은 이해의 부족과 두려움이었다. 뒤이어 제자들은 그들 중에 누가 제일 큰 자인지에 대해 논쟁한다. 예수의 임박한 십자가 처형에도 불구하고, 이들의 논쟁은 전혀 눈치 없는 태도를 드러내 보여준다. 제자들의 완전한 실패를 이보다 더 단호하게 강조하는 것이 가능할까?

제자들의 권력을 향한 열망은 베드로의 사탄적 신앙고백을 상기시킨다. 베드로는 "하나님의 입장이 아닌 인간의 편에서"(8:33) 고백했다. 왜냐하면 베드로의 고백에는 고난 받는 그리스도에 대한 부정이 함의되어 있었기 때문이다. 예수께서 자신의 죽음을 선언하셨음에도 불구하고(10:32-34) 이어지는 제자들의 개인적인 야심에 관한 논의(10:35-45)는 마찬가지

로 고난과 죽음을 뛰어넘는 메시아에 대한 애착〔attachment〕을
반영하고 있다. 베드로와 제자들은 권능과 영광의 메시아 개
념으로부터 자신들의 개인적 정체성을 끌어내고 있는 것처럼
보인다. 아니면, 더 적절하게 말해서, 제자들은 권력과 명성에
대한 집착으로부터 권능의 메시아를 불러내어, 결국에는 〔그
러한 잘못된 생각으로 인해〕 예수의 수난-부활 예고들을 무시하게
된 것 같다.

　권력과 명성에 사로잡혀 있는 제자들에 대한 예수의 반응
은 대단히 중요하다. 이 반응은 9:35에 나타나는데, 이는 가장
독특한 구절로 마가복음에만 나온다(마태와 누가 평행본문에
는 나오지 않는다). "예수께서 앉으사 열두 제자를 불러서 이
르시되 누구든지 첫째가 되고자 하면 뭇 사람의 끝이 되며 뭇
사람을 섬기는 자가 되어야 하리라 하시고." 이 구절에는 두
가지의 주목할 만한 측면이 있다. 첫째는 마가복음의 예수께
서 열두 제자를 택하셔서 따로 불러 놓으셨다는 것이다. 둘째
는 예수께서 이 열둘에게 "누구든지 첫째가 되고자 하면 뭇
사람의 끝이 되어야 한다"고 말씀하신 것이다. 여기서 주목할
만한 것은 예수께서 〔이미 당대에〕 잘 알려진 반전 주제〔reversal
theme〕, 즉 첫째 된 자가 끝이 되고 끝이 된 자가 첫째가 된다
는 것을 말씀하시지 않으셨다는 것이다. 오히려 열두 제자들
에게 말씀하신 것(9:35)은 단순히 첫째 된 자가 끝이 되어 섬

겨야 한다는 것이었다. 첫째라는 말은 우선권, 권력, 권세의 이슈를 암시한다. 예수의 공격 대상은 제자들이 품고 있었던 권위에 대한 개념이었다. 제자들 중에 누가 큰 자인지에 대한 논쟁은 리더십에 대한 계급적 이해를 드러낸다. 이것이 바로 마가복음의 예수께서 도전하고 계신 것이다. 하나님 나라에는 계급적으로 조직된 리더십 구조는 존재하지 않는다. 진정한 권위는 사람들, 모든 사람들을 섬김으로써 얻어지는 것이지, 그들 위에 군림함으로써 얻어지는 것이 아니다. 무엇보다도 권위는 작은 자들, 어린이들, 모든 사람들 중에 가장 힘없는 자들에게 관심을 보여주는 것을 의미한다(9:36-37). 열두 제자는 이제 이러한 섬김의 권세라는 개념을 이해해야 했다. 그들은 예루살렘에 올라가면서, 새로운 기득권층의 지도자들이 될 것처럼 생각하는 것을 멈추고, 섬김의 권세를 행사할 수 있도록 스스로를 준비시켜야 했다.

우리는 세 번째 수난-부활 예고가 특별히 열두 제자들에게 주어졌다는 것을 기억하고 있다(10:32-34). 예수께서 고난을 받으시고, 십자가에 달리시고, 부활하는 메시아로서의 자신의 정체성을 제자들, 특히 열두 제자들에게 알려주기 위하여 지대한 노력을 기울이셨다는 것에는 의심의 여지가 없다. 이 열둘은 다른 누구보다도 예루살렘에서 일어날 일에 대해 철저하게 준비되고 있다. 하지만 또 다시 고난과 죽음에 대한 예

고는 묵살되었다. 야고보와 요한이 권력의 자리를 요구한 것
이다(10:35-45). 베드로와 더불어 특권을 가진 세 명의 수제
자(triumvirate)에 속했던 세베대의 아들들은, 예루살렘 문턱에
서 말씀하신 예수의 세 번째이자 마지막 수난-부활 예고가 있
은 후에, 미래의 "내각" 자리를 달라고 요구하였다. 이 복음
서 이야기에 친숙한 독자들은 이 요청의 최고의 아이러니를
발견할 수 있을 것이다. 분명하게 표현된 이들의 바람(10:37,
"주의 영광 중에서 우리를 하나는 주의 우편에, 하나는 좌편
에 앉게 하여 주옵소서")은 예수의 암시적인 대답(10:38, "너
희는 너희가 구하는 것을 알지 못하는 도다")을 유발시킨다.
야고보와 요한이 구했던 것은 사실상 권력을 가진 높은 위치
가 아니라 죽음의 그림자가 드리워진 곳이었다. 야고보와 요
한이 "하나는 그의 우편에, 하나는 좌편에"(15:27) 앉게 해달
라고 요구했던 그 자리는 실제로 예수의 십자가 처형 당시 두
명의 강도들이 차지했다. 또 다시 제자들, 특히 열둘, 그중에
서도 특별히 베드로, 야고보, 요한이 보여준 완전한 오해를 이
보다 더 단호하게 강조하는 것이 과연 가능할지 모르겠다.

예수께서는 세 번의 수난-부활 예고에서, 자신의 미래에 관
하여 명시하는 것 외에, 모호하지 않은 평범한 언어로 제자도
의 성격과 요건에 관하여 말씀하기도 하신다. 마가의 제자도
는 고난 받는 예수의 모델을 따라서 형성된 것이기 때문에,

제자들이 예수의 사역의 의미를 이해할 때에, 예수의 제자도 메시지 또한 이해할 수 있을 것이다. 예수의 사역을 이해한다면, 제자도 메시지의 핵심은 당연한 것으로 다가올 것이다. 마가에게 있어서 제자도의 본질은 명료하다. 예수를 따른다는 것은 자기 자신을 부인하는 것이며, 섬김에 있어서는 첫째가 되고 권력에 있어서는 마지막이 되는 것이고, 심지어 자기의 생명을 버리고 예수의 잔을 마실 정도로 기꺼이 고난 받으려는 마음을 보여주는 것이다(8:34-38; 10:42-45).

종교는 전형적으로 삶의 현실로부터의 도피이자 고난의 잔학성 및 인류 공통의 운명인 죽음에 대한 부정을 의미한다고 주장되곤 한다. 이러한 주장을 하는 사람이 누구이든지, 이들은 구약과 신약 문서와 친숙하지 않음이 분명하다. 이 두 문서는 사람들의 고난, 의로운 자들의 죽음, 외견상 승리하는 악을 광범위하게 다루고 있다. 유대교와 기독교의 많은 성서적 전승들은 이러한 인간 삶의 근본적인 문제들—의로운 자의 고난, 개인과 집단생활의 파괴, 도시와 문명들의 파멸, 압도적인 악의 힘, 인간 자신과 하나님으로부터의 인간의 소외—과 씨름하고 있다.

마가복음은 고난과 죽음의 현실을 신중하게 다루고 있는 예가 된다. 마가는 예수의 삶을 분명한 철학적인 관점에서 추적한다. 아니, 마가가 예수의 삶으로부터 특정한 철학적 관

점—수고와 고통이 없이는 보상이 없고, 고난이 없이 성공도
있을 수 없다—을 끌어낸다고 보는 것이 더 좋을 것 같다. 죽
음 없이는 삶이 없고, 십자가가 없이는 부활이 없다는 메시지
는 저자가 전달하고자 하는 단 하나의 가장 중요한 메시지라
도 해도 과언이 아니다. 마가의 강조점은 주로 고난과 십자가
의 시기에 맞추어져 있다. 마가는 부활의 시기 자체에는 관심
을 두지 않는다. 우리는 수난-부활 예고가 부활의 측면보다는
죽음의 측면을 더 자세히 설명하고 있다는 점을 살펴본 바 있
다. 마가복음에는 부활한 예수가 결코 등장하지 않는다는 사
실도 살펴볼 것이다. 우리는 제자도의 말씀들이 십자가로 가
는 길에서 고난 받는 예수를 모델로 하고 있다는 것을 기억할
것이다. 제자도는 영광의 예수로부터 비롯된 것이 아니다. 실
제로 마가의 예수께서는 부활의 영광을 누리고 있는 것이 아
니라, 다른 사람을 위해 섬기며 자신의 생명을 많은 사람들을
위한 속전(ransom)으로 내어주신다. 솔직히 말하자면, 마가는
그리스도인의 삶이 부활하신 주님의 부활의 영광 안에서 중
생(rebirth) 되어야 한다고 말하지 않는다. 마가에게 있어서 그
리스도인이 된다는 것은 예수의 길을 따라 걷는 것, 곧 고난
의 잔을 마시고, 다른 사람들의 구원에 관심을 가지며, 적어도
자신의 삶의 안위는 중요하게 생각하지 않는 것을 의미한다.

마가는 복음 이야기의 중간 단락을 통해 제자들, 열두 제

자, 세 명의 수제자〔베드로, 야고보, 요한〕의 고질적인 실패를 보여주기 위하여 노력을 아끼지 않는다. 마가는, 정확한 질서에 따라, 각각의 수난-부활 예고를 거치면서 제자들의 오해를 점차로 분명하게 부각시킨다. 예수께서는 자신의 고난과 죽음에 관하여 말씀하셨지만, 제자들은 개인적인 권위와 성공을 꿈꾼다. 제자들은 예수께서 말씀하신 것이 아닌, 자신들이 듣고 싶은 것만을 듣는다. 제자들의 선도자 베드로는 예수의 사탄적인 대적자로 드러났다. 수제자의 구성원인 야고보와 요한은 자신들을 위한 멋진 미래를 계획하였고, 심지어 다른 열 명의 제자들에게 불쾌한 심경을 드러내기도 했다(10:41). 제자들은 간질병이 걸린 소년에게서 귀신을 내쫓을 수 없었지만(9:14-29; 참조, 9:18, 28), 바로 그 후에 요한은 주제넘게도 제자들의 일원이 아니지만 예수의 이름으로 귀신을 성공적으로 내쫓은 사람의 치유 사역을 저지하려고 했다. 요한의 행동은 즉시 예수의 질책을 받게 된다(9:38-41). 예수께서는 열두 제자에게 어린 아이들을 받아들이라고 권고하셨지만(9:35-37), 곧바로 제자들은 어린 아이들을 나무라며, 그들을 새로운 공동체의 일원으로 받아들이기를 거절했다. 다시 예수께서는 제자들의 하나님 나라 개념을 강하게 반대하셨다(10:13-16). 이 땅의 모든 소유를 팔아 가난한 자들에게 주는 것이 하나님 나라로 들어가는 전제조건으로 선언되었을 때(10:17-

22), 베드로는 자신과 동료 제자들이 바로 그 일을 행하였다고 자신 있게 이야기했다(10:28). 하지만 예수께서는 그러한 이기심 없는 자선행위가 오직 "박해로" 보상될 것이고, 새로운 동료들이 와서 "먼저 된 자로서 나중 되고 나중 된 자로서 먼저 되는"(10:31) 일이 일어나게 될 것임을 베드로에게 상기시키셨다. 제자들, 열두 제자, 또는 수제자 구성원들이 마가복음의 이 중간 단락에 등장할 때마다, 거의 예외 없이 예수와의 공공연한 충돌이나 은밀한 갈등이 발생한다.

인자의 영광

우리가 주목할 만한 사건이 아직 하나 더 남아있다. 예수께서는 베드로와 대결하신 후에(8:27-33) 제자도의 요건 및 자신이 미래에 임할 것을 말씀하시고, 즉시 베드로와 야고보와 요한을 데리시고 높은 산으로 올라가신다. 이 산 위에서 예수께서는 변형된 모습으로 세 명의 제자들에게 나타나시고, 하늘의 음성은 예수를 하나님의 아들로 분명하게 드러낸다. 이 예수의 변형 기사(9:2-8)는 다양한 방식으로 전체 복음서의 중심 장면을 형성한다. 이 변형 기사는, 구조적인 측면에서, 구절들의 수를 따졌을 때에 거의 정확히 복음서의 중간 지점에 위치하고 있다. 또한 이 본문은 마가복음에서 유일하게 "높은 산"을 그 배경으로 삼고 있다. 더불어 이 변형 사건에는, 세례 기사를 제외하고, 유일하게 시각적이고 청각적인 신적 개입이 나타난다. 예수께서 고난을 받고 십자가를 지실 때에도 신적 개입은 없었다. 문학 비평가들은 이 변형 기사를 인식장면(scene of recognition)이라고 부를 것이다. 인식장면이란, 소설이나 드라마나 영화의 한 장면에서 작가들이 독자나 관객으로 하여금 주인공의 완전한 정체에 대해 어렴풋이 내비치고, 그럼으로써 이야기의 결말을 암시하는 기법을 일컫는다. (베드로의 신앙고백이 아니라!) 이 변형 기사가 바로 그러한 인식장면이다. 잠시 동안 예수께서는 세 명의 목격자에게 충만한 영광 가운데 계신 하나님의 아들로 드러나신다.

　마가가 극적인 전개의 정확히 어떤 지점에 이러한 인식장면을 위치시켰는지 관찰하는 것은 도움이 된다. 이 장면은 예수께서 귀신적인 세력을 지배하는 자신의 권능을 보여주신 이후에, 예수께서 하나님 나라의 공동체적 윤곽을 보여주신 이후에, 예수의 첫 번째 수난-부활 예고 이후에, 그리고 예수께서 권능을 가지고 임하실 것에 대한 언급 이후에 나타난다. 곧, 인식장면은 예수에 대한 중요한 신원—악과 죽음을 지배하는 권능의 인물, 새로운 공동체의 개척자, 고난을 당하고 죽임을 당하는 자, 죽음을 지배하고 미래에 다시 오실 승리자—이 확인되기 전에는 나타나지 않는다는 것이다. 이 모든 정체성은 하늘에서 들리는 하나님의 아들 호칭에 내포되어 있다.

이것은 예수께서 〔미래에〕 충만한 영광 가운데 하나님의 아들로 나타나시기 전에, 고난과 죽음을 겪으셔야 하고, 부활하셔야 한다는 것을 의미한다. 따라서 세 명의 선택된 제자들에게 주어진 이 변형 장면은 하나님의 아들로서의 예수의 완전한 신분—고난과 부활을 통해서 완전히 실현되어야 할 신분—에 대한 일종의 미리보기로 이해될 수 있다.

세 명의 제자들은 이것을 이해했을까? 마가는 이 핵심적인 인식장면에서도 제자들의 오해의 모티프를 서슴없이 도입하였다. 9:5에서 베드로는 세 채의 초막—한 채는 예수를 위해서, 또 한 채는 모세를 위해서, 마지막 한 채는 엘리야를 위해서—을 지을 수 있게 해달라고 요청한다. 이러한 요청 직후에, 우리는 베드로가 두려움으로 인해 무슨 말을 하고 있는지 알지 못했다는 진술을 보게 된다. 9:32〔두 번째 수난-부활 예고 당시-역주〕와 동일하게, 9:6에서도 두려움과 인식의 부족 모티프가 결합되어 베드로의 실패를 더욱 부각시킨다. 베드로는 자신이 초막을 짓자고 제안하면서도 자신이 무슨 말을 하고 있는지 알지 못했고, 두려움으로 인해 예수께서 변형하신 사건의 참된 의미를 깨달을 수도 없었다. 하지만 베드로만 무지한 것이 아니었다. 마가는 세 명의 제자들을 모두 엮으려 했다. "이는 그들이 몹시 무서워하므로 그가 무슨 말을 할지 알지 못함이더라."

변형 기사에서 제자들이 오해했던 것의 본질은 무엇인가? 베드로는 초막을 짓자고 제안함으로써 미래에 대한 미리보기로 의도 되었던 것〔충만한 영광〕을 붙잡아 현재의 실체로 만들기 원했다. 자신의 시선을 현재에 고정시키고 현재의 〔영광의〕 실현에 고정시켰던 베드로는 변형의 영광을 영속화하기를 갈망했다. 베드로는 예수께서 모든 사람들이 볼 수 있는 하나님의 아들로 나타나기 전에 먼저 고난과 죽음을 통과해야 한다는 것을 이해할 수 없었다. 이러한 태도는 우리가 이미 살펴본바, 권력을 갈망했던 제자들과도 잘 부합하고, 예수의 첫 번째 수난-부활 예고를 반박했던 베드로와도 잘 어울린다. 그들은 고난과 죽음의 차원을 제거해버림으로써 하나님 나라로 가는 지름길을 갈망했다. 이와 대조적으로 마가복음의 예수께서는 〔영광의〕 성취를 뒤로 미룰 뿐 아니라, 진정한 삶과 십자가 죽음 사이의 끊을 수 없는 관계〔말하자면, 십자가에서 죽는 것이 진정한 삶이다-역주〕를 주장하셨던 것이다. 변형의 영광은 십자가 위에서의 고통을 통해서만 완성될 수 있다.

요약

독자들이 이 중심 단락의 전체 구성을 되돌아보기를 원할 것 같다. 마가는 처음과 마지막 부분에 맹인 치유 이야기를 위치시켰다. 이러한 액자식 이야기〔framing stories〕는 가이사라 빌립보에서 예루살렘으로 가는 예수의 여행 목적을 알려준다. 예수께서는 길을 여행하시면서 다른 무엇보다도 제자들이 자신의 고난과 죽음과 부활에 눈을 뜰 수 있도록 애쓰셨다. 지금까지 그 길을 따라서 여행해 온 독자들은 제자들이 여전히 눈이 먼 채로 남아있다는 것을 알게 될 것이다. 이 여행의 결론에, 제자들의 눈은 열리게 되는 것이 아니라 여전히 치유될 수 없는 상태에 머물러 있다. 제자들은 예수의 사역의 목적에 대해 여전히 무지한 상태로 남아 있기에, 그들을 위하여 예정된 자리를 차지하지도, 그 역할을 성취하지도 못한다.

이러한 결론에 도달한 독자들은 마가의 액자식 구성을 다시 한 번 살펴보아야 한다. 제자들은 볼 수 없었지만, 이 단락 처음과 끝에 나오는 맹인들은 보게 되었다. 이 전체의 단락은 바디메오가 "곧 보게 되어 예수를 길에서 따랐다"(10:52)는 진술로 맺어진다. 내부에 있으면서 예수의 사적인 가르침을 받았던 제자들은 보지 못하였다. 그럼에도 불구하고 외부인이자 개인적인 가르침을 받을 수 있는 특권도 없었고 제자로 불릴 수도 없었던 맹인 두 사람은 보게 되었고, 〔그 중 하나인〕 바디메오는 길에서 예수를 따르게 되었다. 이 중간 단락에서, 보는 것과 보지 못하는 것 사이의 대조, 외부인들과 내부자들 사이의 대조가 이렇게 극적으로 표현되고 있다. 외부에 있던 두 사람은 내부자로 판명되었지만, 본래 내부자였던 제자들은 여정이 진행되는 동안 외부로 쫓겨나게 되었다.

결국 마가가 복음 이야기의 이 중심 단락에서 전하고 있는 충격적이면서도 심오한 종교적 진리는, 예수와 가장 가까이에 있고 예수를 가장 잘 안다고 주장하는 사람들이 진리에서 가장 멀리 떨어진 사람들일 수 있고, 반면에 시간적으로나 공간적으로 예수와 멀리 떨어져있는 사람들이 영적으로나 삶의 모습에 있어서 예수와 매우 가까이에 있는 사람들일 수 있다는 것이다.

제4장
성전의 종말
마가복음 11:1-13:37

11:1-13:37 단락은 예루살렘 성전에 대한 예수의 관심에 초점을 두고 있다. 예수께서는 삼일 동안 세 차례나 성전에 들어가시는데, 이것은 〔앞선 단락들의 여행 모티프처럼〕 성전 여행이나 다름이 없다. 성전에서의 셋째 날에는 성전 지도자들에 반대하시는 일련의 말씀들을 전하시고, 성전을 나가시며 즉시 그 성전의 멸망을 예언하신다.

첫 번째 성전 여행

예수와 제자들은 예루살렘 근교에 도착하자마자 성전 산 맞은편에 있는 감람산 근처에 자리를 잡았다(11:1). 이들이 성전 여행을 시작한 이 장소는 일종의 기지〔base〕로 역할을 하게 될 것이다. 예수와 제자들은 이곳에서 흔히 (승리한 개선장군의) '예루살렘 입성'이라고 불리는 것을 준비하기도 한다. 하지만 우리가 일전에 살펴보았듯이, 복음서 이야기들에 전통적으로 붙여진 명칭들은 오해의 소지가 있다. 마가복음에서는 예루살렘 사람들이 예수께서 자기들의 도시로 입성하시는 것을 보고 환호하고 박수갈채를 보내는 모습을 확인할 수 없다. 예수를 환호하며 맞이하는 사람들은 예루살렘 주민들이 아니라, "앞에서 가고 뒤에서 따르는 자들"(11:9), 즉 제자들과 예루살렘으로 가는 길에 그들과 동행했던 사람들이었다. 무리들의 환호 장면(11:1-10)은 감람산에서 예루살렘으로 가는 길에 나타난다. 이 환호가 끝난 후에 비로소 예수께서는 성으로 들어가시는데, 이때 어느 누구도 예수께 박수갈채를 보내지도, 그분을 알아보지도 못한다(11:1).

마가복음의 내러티브 논리를 잘 따라온 독자들은 무리들이 환호에 사용한 단어로 인해 놀랄 것이다. 예수를 따르는 자들은 예수를 "우리 조상 다윗의 나라"(11:10)를 시작하실 분으로 환영한다. 물론 이들의 마음에 있었던 것은 예루살렘 시온 산에 다윗의 나라가 권세와 영광가운데 회복되는 것이다(암 9:11; 사 9:6-7). 하지만 예수를 따르는 자들이 가지고 있는 통속적인 희망, 즉 다윗 가문의 메시아 신앙을 성취하는 것이 마가복음이 말해주는 예수의 사명인가? 예수께서 선포하신 하나님 나라가 예수를 따르는 자들이 기대했던 조상 다윗의 나라와 동일한가? 그들은 예루살렘으로 가는 길에 예루살렘에서의 고난과 죽음을 말씀하셨던 예수를 찬양한 것인가? "아직 아무도 타 보지 않은"(막 11:2) 나귀를 타고 계신 예수께서는 사람들이 대망하던 다윗 후손의 메시아인가? 일단 우리가 이런 식으로 질문을 계속 던진다면, 이 부분은 마가의 이야기 문맥에서 가장 역설적인 장면들 중 하나로 다가올 것이다. 예루살렘으로 가는 예수의 여행을 승리의 축전으로 바꾸어 놓았던 것은 바로 예수의 정체를 계속해서 오해해왔던, 예수를 따르는 자들이다. 예수를 다윗 가문의 메시아로 환호하는 자들은 일전에 수난-부활 예고를 듣기 거절하는 것에서 보여주었던, 잘못된 태도를 고착화시킨다. 이들에 따르면, 예수께서는 하나님 나라를 권능의 힘으로 세우기 위해 예루살렘으로 들어가시는 것이다. 이것이 바로 그들이 환호했던 이유이다. 그러나 예수께서는 고난과 죽음 속으로 들어가고 계신 것이다. 예수께서 십자가에 못 박히기 전까지는 왕이 되지 않으실 것이다.

　예수의 첫 번째 예루살렘 입성은 성전을 목적지로 한다(11:11). 예수의 관심은 예루살렘이 아니라 성전이다. 예수께서는 성전을 둘러보시고, 원래 출발했던 곳으로 되돌아가신다. 열두 제자는 예수의 고독한 성전 시찰을 목격했다. 그들이 보았던 것은 승리의 입성은 아니었다. 예루살렘 거리에서 그

누구도 예수를 알아보지 못했고, 그 누구도 예수를 다윗 후손
의 메시아로서 성전에 앉히지 않았다. 예수의 성전 방문은 기
도와 예배와도 관련이 없었다. 단지 예수께서는 성전 안에 있
는 모든 것들을 보시고, 해질녘에 그곳을 떠나셨다. 이러한 모
습을 하고 계신 분이 예루살렘 성전 산, 즉 시온 산을 향한 희
망과 열망을 성취하실 다윗의 후손이신 메시아일 수 있을까?
이상하고도 독특한 구절인 11:11에서 표면화되기 시작하는 것
은 예수와 성전 및 성전 산과의 긴장관계이다. 성전은 우주적
인 구원 장소도 아니었고 "그의 자리"〔his place: "그의 자리"라는
어구는 본서 뒷부분에서 중요한 역할을 한다-역주〕도 아니었다.

두 번째 성전 여행과 성전 무위화

성전에서의 두 번째 날을 다루기 전에 11:12-22에 대한 마
가의 구성을 살펴볼 필요가 있다. 우리는 전통적으로 성전 청
결로 불려온 이 이야기(11:15-19)가 두 부분의 무화과나무 이
야기로 둘러싸여 있다는 것을 확인할 수 있다. 11:12-14에서
는 예수께서 무화과나무를 저주하신 내용이 나타나고, 11:15-
19에서는 소위 성전 청결 이야기가 이어진다. 그리고 다시
11:20-22에 무화과나무 이야기의 결말이 주어진다. 이미 우리
는 마가복음 저자가 가장 좋아하는 기법인 액자식 구성〔하나의
이야기가 다른 이야기의 틀을 이루는 구조로, 샌드위치 기법이라고도 함-역

주)에 주의를 기울일 기회가 많았다. 이번 경우에도 성전 청결 사건은 무화과나무 이야기로 둘러싸여 있다. 마가는 이러한 독특한 배열(무화과나무-성전 청결-무화과나무)을 통해 무화과나무와 성전 사이에 모종의 관련성을 보여준다. 이 복음서에서 이미 많은 것들을 경험했던 독자들은 마가의 구성 기법을 관찰함으로써 많은 것들을 알 수 있을 것이다.

예수의 성전에서의 두 번째 날은 무화과나무 에피소드로 시작된다. 예수께서는, 베다니의 "그의 자리"에서부터 예루살렘으로 나아가는 길에, 배가 고프셨다. 그는 잎이 무성한 무화과나무를 보시고 그 나무에 접근하신 후, 잎 외에는 아무것도 없다는 것을 발견하셨다. 열매가 없음으로 인해 화가 나신 예수께서는 이후로 그 누구도 그 나무로부터 열매를 먹지 못할 것이라는 바람(desire)을 표출하셨다. 여기까지 이야기를 이해하는 데에는 아무런 문제가 없다. 어려움은 11:13의 끝에서부터 생긴다. 예수께서 열매를 발견하지 못한 것은 "무화과를 위한 적절한 때가 아니었기 때문"이었다. 이것은 이치에 맞지 않는 것처럼 보인다. 무화과나무가 열매를 맺을 적절한 시기가 아니라면 어떠한 이유로 나무를 저주하신 것일까? RSV에서는 ("적절한 때"를 나타내는) 단어가 "계절"로 부적절하게 번역되었는데, 이는 혼란을 가중시킨다. 이것은 무화과나무 열매를 위한 계절을 나타내는 식물학상의 용어가 아니라, 하나님 나라의 때를 의미하는 종교적인 용어이다. 실제로 이것은 하나님 나라의 "적절한 때"를 말씀하신 예수의 첫 강령에서 마가가 사용했던 용어〔그리스어로는 ὁ καιρὸς-역주〕와 정확히 같은 용어이다(1:14-15). 마가는 이러한 종교적인 뜻이 담겨있는 용어를 무화과나무 이야기에 도입함으로써 이 이야기에 종교적인 차원을 더하였다. 예수와 무화과나무의 만남은 열매 없는 나무 그 이상을 의미한다. "무화과나무의 적절한 때"의 부재는 하나님 나라의 적절한 때의 부재를 암시한다는 사실을 우리는 살펴보게 될 것이다. 마가는 제자들이 예수께서 그 나무를 책망하시는 것을 들었다는 사실을 서둘러 덧붙였다. 제자들은 열매 맺지 못하는 무화과나무 이야기로부터 적절한 교훈을 받을 만한 위치에 있었던 것이다.

예수의 두 번째 예루살렘 여행은 다시 성전을 목적지로 한다(11:15). 마가는 예수께서 이 두 번째 성전 방문에서 행하신 두 가지 행동을 보도했다. 첫째는 예수께서 상거래를 방해시면서 상인들을 성전에서 내쫓으신 사건이다(11:15). 어릴 때부터 이 이야기에 친숙한 대부분의 독자들은 이 사건을 성전 앞마당에 앞뜰에 위치시키는데 익숙하다. 하지만 마가는 성전만을 언급하였지 앞뜰에 대해서는 결코 말하지 않았다. 두 번째 성전 여행에서 예수께서 행하시고 말씀하셨던 것은 성전에서 행하시고 말씀하셨던 것으로서 성전과 관련이 있다. 특

히, 첫 번째 행동은 성전의 물질적이고 금전적인 측면을 약화
시킨다. 예수께서는 성전에서 행하신 두 번째 행동으로 사람
들이 성전을 통해 "무엇이든지" 가지고 다니는 것을 금지하
셨다(11:16). 여기에서 (RSV가 오역한) "무엇이든지"에 해당
되는 그리스어는 그릇(vessel)을 지칭한다. 예수께서는 누구든
지 그릇을 성전을 통과하여 운반하는 것을 허락하지 않으시
려 했다. 보통 성전 이야기 내에서 담는 그릇에 대한 언급은
제의적 차원을 암시한다(이에 해당 되는 단어인 σκεῦς는 히 9:21에서
종교의식을 위해서 사용되는 그릇을 의미한다-역주). 예수께서는 사람
들이 성전에 제의적 물건들을 그릇에 담아서 가지고 다니는
것을 금지함으로써 성전의 종교행위를 폐하셨다. 요약하자면,
예수의 두 가지 행동들은 성전의 상업적이고 종교적인 기능
들을 폐지하는 것에 버금간다. 그러므로 우리는 이 내용이 참
으로 성전 청결이라고 불릴 수 있는지 고민해 보아야만 한다.

　예수께서는 여전히 성전에 계시면서 가르치는 일을 하셨
다. "내 집은 모든 민족이 기도하는 집이라 칭함을 받으리라
고 하지 아니하였느냐 너희는 무법자들의 소굴을 만들었도
다"(11:17). 이 진술에는 성전에 대한 두 가지 비판이 함축되
어 있다. 첫째는 성전이 어느 특정한 사람들의 이익에 이바지
했다는 것이다. 하지만 성전은 모든 민족에게 열려있어야 한
다. 둘째는 성전이 무법자들의 피난처가 되었다는 것이다. 이

이야기와 관련하여 "무법자들"은 아마도 거룩한 장소의 신성함을 침범한 환전상들과 상인들을 뜻할 것이다. 그러나 "무법자"에 해당되는 그리스어는 특별한 정치적인 의미를 가진다. 이 단어는 예루살렘에 들어와서 성전을 반-로마 활동의 본거지로 만들어버린 정치 운동가들을 지칭한다. 로마-유대 전쟁의 절정에서(주후 66-74년) 성전은 열심당의 본진(fortress)으로 바뀌었다. 예수께서 생각하시는 성전은, 사업상의 거래나 군사적 행동을 하는 곳이 아닌, 기도의 집이었으며 모든 민족에게 열려 있는 곳이었다. 예수의 하나님의 집에 대한 이상은 배를 타고 갈릴리 바다를 건너 이방인들에게 나아갔던 여행을 기억나게 한다. 북쪽에 있는 보편(ecumenical) 공동체와 "모든 민족이 기도하는 집"에 대한 예수의 비전 사이에는 분명한 연결점이 존재한다. 예수께서는 북쪽의 유대-이방 공동체에 있던 악한 세력을 제거한 반면, 성전에서는 상거래와 정치로 인해 타락하였다고 책망 하셨다. 제자들이 예수의 북쪽 유대-이방 선교를 이해했더라면, 예수께서 성전을 저주하신 후에 "모든 민족이 기도하는 집"이 어디에 있어야 하고, 또 어디에 그것이 있으면 안 되는지 이해했을 것이다.

성전에서의 예수의 가르침은 성전 지도자들의 반대에 부딪히게 된다. 대제사장들과 서기관들은 예수를 죽이기로 결정하고 그들의 계획을 실행할 방법을 찾는다(11:18). 바리새인들과 헤롯당원들의 음모가 3:16에 보도된 이후로, 마가는 적대자들이 예수를 죽이려고 한다는 사실을 그렇게 분명하게 표현하지는 않았다. 하지만 마가가 예수를 죽이기를 갈망하는 성전 기득권 세력들과 예수의 가르침에 감명을 받은 대중들을 조심스럽게 구분하고 있는 것은 주목할 만하다(11:18; 12:12, 37). 둘째 날 저녁에 예수와 그의 제자들은 예루살렘을 떠나 아마도 감람산에 있는 베다니로 돌아간 것 같다.

셋째 날 아침, 예루살렘으로 되돌아가는 길에, 예수와 제자들은 다시 무화과나무 곁을 지나간다. 그들은 그 나무가 "뿌리째" 마른 것을 분명히 확인하였다(11:20). 제자들의 대변자 베드로는 예수께서 이전에 책망하셨던 것을 기억하고, 예수께 죽은 나무를 가리킨다(11:21). 예수께서는 산을 움직이는 믿음, 기도, 그리고 용서에 대한 이해하기 힘든 말씀으로 답하신다. 제자들은 이 나무의 죽음이 예수의 성전 방문과 긴밀한 관계를 가지고 있다는 것을 깨달아야 했고, 동시에 이것[무화과나무와 성전의 죽음]이 이 길의 끝을 의미하지 않는다는 사실도 기억해야 했다. 믿음(5:36; 9:23), 기도(9:29; 14:38), 용서(2:5, 10)—용서 받을 수 없는 한 가지 경우(3:28-30)와 함께—는 모두 새로운 공동체의 전형적인 특징[hallmarks]이 된다.

마지막으로 우리는 이야기를 무화과나무-성전-무화과나무로 배열한 마가의 액자식 구성을 기억해야 한다. 감싸고 있는

이야기인 무화과나무는 성전 이야기를 해석해준다. 따라서
이 나무는 성전을 예증하고, 죽은 나무는 성전의 죽음을 상징
한다. 나무가 "뿌리째" 마른 것처럼, 성전도 예수에 의해 가
망이 없는 것으로 판결 받는다. 예수께서는 성전에 소망을 두
시기보다는 하나님 나라의 새로운 백성들(fellowship)에게 두고
계신다. 그러나 하나님 나라의 "적절한 때"는 성전—다윗 왕
좌에 대한 전통적인 대망—안에서 이루어지는 것이 아니다.
이러한 모든 이유들로 마가복음 11:15-19을 성전 정화로 부르
는 것은 오해의 소지가 있다. 청결은 성전이 정화되어 새로운
방식으로 기능하기 위해 개혁되는 것을 의미한다. 그러나 마
가의 액자식 구성(11:12-25)은 성전의 무위화를 극적으로 표
현하고 있다. 예수께서는 성전과 관련된 기대를 따라 사는 것
이 아니라, 성전 산 맞은편에 있는 감람산에 "그의 자리"를 잡
으시고 성전을 왕복하신다. 성전 밖에 자리를 잡으시고 그곳
에서 성전에 대항하시는 것이다.

세 번째 성전 여행과 성전 연설들

　예루살렘으로의 세 번째 여행은 또 다시 성전을 목적지로
하고 있다(11:27). 예수께서는 성전에서 많은 논쟁적인 이슈에
대해 강의하는 교사로서(12:14-15, 19, 32, 35, 38) 마지막 날
을 보내신다(11:27; 12:35, 41; 13:1). 예수께서는 권위 있게 가

르치시고, 성전과 성전 관계자들의 권위에 대항하여 자신의 권위를 세우신다.

예수께서 성전을 무위화 하신 다음 날에, 성전 관리자들인 대제사장들과 서기관들과 장로들은 성전에서 예수께 권위에 대한 질문을 했다(11:27-33). "무슨 권위로 이런 일을 하느냐?"(11:28). 전체적인 성전 이야기 문맥에서 "이런 일"이란 성전에 대한 예수의 책망을 언급하는 것일 수밖에 없다. 누가 그에게 종교 생활의 중심지에서, 그리고 그 중심지를 향하여 그러한 일을 할 수 있는 권한을 주었을까? 예수께서는 그들의 질문을 요한의 세례에 대한 이슈로 방향을 바꾸셨다. 요한의 세례가 "하늘로부터냐 사람으로부터냐?"(11:30). 독자들은 세례 때 예수께서 하늘의 음성에 의해 권위를 부여받았다는 사실을 정확히 알고 있다. 하지만 불신과 사람들에 대한 두려움 사이에서 망설이는 성전 관계자들은 예수의 질문에 대답하지 못했다. 결과적으로, 자신들이 던졌던 질문에 대한 대답은 주어지지 않았다.

다음으로 예수께서는 발언권을 잡으시고, 성전 관계자들에게 악한 소작인들에 대한 비유—알레고리적인 언어로 성전을 맡고 있는 자들을 강하게 비난하는 비유—를 말씀해주셨다(12:1-12). 포도원을 관리하는 소작인들은 정당한 소출을 받으려는 종들을 죽이는 일에 연루되었다. 마지막에 가서 소작인

들은 심지어 "사랑하는 아들"(12:6)인 "상속자"(12:7)까지 포
도원에서 죽였다. 소작인들은 자신들의 범죄에 대한 형벌로
진멸당할 것이며, 그 포도원은 다른 사람에게 주어질 것이고,
예수께서는 그 포도원의 주춧돌이 되실 것이다. 성전 관계자
들은 이 이야기를 듣자마자 격분했다. 왜냐하면 그들이 "예수
의 이 비유가 자기들을 가리켜 말씀하심인 줄 알았기"(12:12)
때문이다. 그들은 성전을 빼앗기게 될 흉악한 소작인들에 비
유되었다. 예수께서는 이 비유로 자신을, 옛 성전과 같지 않고
옛 성전과는 현저한 대조를 이루는 새로운 성전, 즉 하나님
나라의 주춧돌로 세우셨다.

　성전 관계자들은, 예수와 갈등을 겪은 후에, 성전을 떠나지
만 배후에서 계속적으로 작업을 한다. 이들은 성전에서 가르
치시는 예수를 잡기 위해 바리새인들과 헤롯당원들을 보냈
다. 가이사에게 세금을 바치는 것과 관련된 질문(12:13-17), 곧
"가이사에게 세금을 바치는 것이 옳으니이까, 옳지 아니하니
이까?"(12:14)는 아주 민감한 질문이다. 이것은 예수를 폭력
적인 혁명가와 연루시키기 위해 탁월하게 계획된 질문이다.
왜냐하면 로마 황제에 대한 납세 거부 때문에 이스라엘이 나
중에 로마와의 혁명적인 전쟁에 들어서게 되었고, 이로 인해
결국은 유대인들이 패배하고 성전은 파괴되었기 때문이다.
예수의 잘 알려진 대답("가이사의 것은 가이사에게, 하나님의 것은 하

나님께 바치라")은 폭력적인 열심당과 어떠한 관련도 없음을 보여준다. 우리는 가이사를 섬기면서 하나님을 섬길 수 있다. 하나님 나라는, 종교적인 기득권층에는 반대되지만, 로마의 권력 구조와는 공존할 수 있다.

부활에 관한 사두개인들의 질문(12:18-27)은 스스로를 성전 위에 있고 성전에 반대한다고 선언하신 예수와 성전 지도자들 사이의 투쟁이 이제 새로운 단계로 들어섰음을 보여준다. 사두개인들은 존경받는 성전의 상위 계급으로서 성전은 그들의 권력 기반을 이루고 있었다. 예수께서는 성전을 책망함으로써 사두개인들의 권력 중심에 위협을 가하셨다. 사두개인들은 "부활이 없다"(12:18)는 전제를 가지고 예수께 부활 신앙의 불합리성을 확증시키려 한다. 이러한 도전은 예수의 권위의 중심을 공격하는 것이었다. 왜냐하면 예수께서는 자신이 죽은 지 삼일 만에 부활하게 될 것을 예언하셨기 때문이다. 예수께서는 그들이 매우 중히 여기는 성경〔모세오경-역주〕을 언급하심으로써 사두개인들의 그릇됨을 입증하셨다. 성경에 따르면, 하나님은 산 자의 하나님이시지, 죽은 자의 하나님이 아니시다.

예수의 가르침에 공감하는 한 서기관은 위대한 계명에 대한 질문을 한다(12:28-34). 예수께서는 유명한 유대인들의 기도 첫 문장(12:29, "이스라엘아 들으라 주 곧 우리 하나님은

유일한 주시라")을 인용하신다. 이 기도에는 온 백성의 필요
를 돌보지 못한 성전에 대한 비판이 함축되어 있다. 하나님의
한분되심은 "모든 민족"(11:17)도 하나임을 요구한다. 하나님
의 이러한 하나임(unity) 원리에 뿌리를 박고 있는 것은 하나님
사랑과 이웃 사랑에 관한 사랑의 이중계명이다(12:30-31). 이
이중계명은 모든 법과 규례를 폐지한다(12:31). 이것은 예수
의 삶에 대해, 갈릴리 여행 중에 행하신 율법의 폐지에 대해,
바다를 건너시면서 백성들을 하나 되게 하신 것에 대해, 예루
살렘으로 가는 길에서 말씀하신 많은 사람을 위해 자신을 속
전으로 바치는 것에 대해, 그리고 성전 여행 중 있었던 성전
심판에 대해 성경적인 정당성을 제공한다. 요약하면, 이 이중
계명은 하나님 나라에서 새로운 백성들(fellowship)을 위한 신
앙의 조항(article)이 된다. 그 서기관은 예수의 규범을 받아들
이면서, 그것이 성전에서 드려지는 번제물과 희생제물보다도
낫다고 부연한다. 그러자 예수께서는 그가 "하나님의 나라에
서 멀지 않다"(12:34)고 확인해 주셨다.

　예수께서는 마지막으로 성전을 떠나시기 직전에, 다윗 후
손의 정체성에 대한 문제, 즉 예수와 제자들이 예루살렘에 도
착한 이후로 해결되지 않은 채로 남아 있던 그 문제를 명확하
게 하셨다. 예수께서는 다윗 후손의 메시이신가, 아니신가?
예수께서는 다윗 후손에 대한 질문(12:35-37)을 특별히 서기

관들과 연관시키신다. 왜냐하면 그들은 다윗과 관련된 메시아직에 관한 문제의 전문가였기 때문이다(12:35). 예수께서는 자신의 입장을 지지하기 위해 시편 110:1을 인용하신다. "주(하나님을 의미)께서 내 주(메시아를 의미)께 이르시되 내 우편에 앉았으라 하셨도다"(12:36). 따라서 시편의 저자로 간주되는 다윗은 메시아를 "내 주"로 언급했다. 하지만 만약 메시아가 다윗의 주라면, 어떻게 그가 다윗의 후손일 수 있겠는가(12:37)? "권능자의 우편에 앉으실"(14:62) 메시아께서는 다윗의 후손일 수 없다. 다윗 후손에 대한 문제는 해결되었다. 예수께서는 예루살렘에 있는 시온 산에 다윗의 나라를 세우시려고 오신 것이 아니라, "모든 민족에게" 하나님 나라를 선포하기 위해 오셨다.

서기관들의 다윗 가문 메시아직 교리에 관한 반박에 바로 이어서 서기관들에 대한 비난이 나타난다(12:38-40). 이제 그들의 생활방식과 종교적 관행들이 공격의 대상이 되었다. 메시아의 정체성을 다윗의 후손으로 기대하는 사람들은 개인적인 권력과 명예를 추구하는 삶을 살아간다. 영광과 권력의 자리를 꿈꾸던 제자들과 동일하게, 서기관들도 종교를 자기-발전의 수단으로 간주했다. 이들은, 무자비할 정도로 이기적으로, 경건을 빙자하여 과부들을 착취했다. 과부의 헌금(12:41-44)은 서기관 기득권층 및 부유한 중에 헌금하는 부자들과는 완전한 대조를 이룬다. 예수께서는 제자들이 과부의 헌금에 주목하게 하신다(12:43). 왜냐하면 그녀가 자신의 "모든 소유 곧 생활비 전부"를 헌금했기 때문이다(12:44). 제자들은 부자나 성전 지도자들이 아니라, 이 가난한 과부가 진정한 제자도의 전형적인 예가 된다는 것을 알아야 했다.

예수의 성전 활동을 요약하자면, 우리는 하나님 나라가 예루살렘 성전과 분리되어 있음을 알 수 있다. 우리는 예수께서 성전으로 세 번 여행을 하신 것을 보았다. 첫 번째 여행에서는 모든 것들을 조사하신 후 물러나셨다. 두 번째 여행에서는 예루살렘 성전을 심판하시고 성전으로서의 권한을 박탈하셨다. 세 번째 여행에서는 성전의 권위와 성전의 권력 구조를 능가하면서도 이것들에 반대되는 예수 자신의 권위를 정의하시고 변호하셨다. 예수의 성전 활동은 다윗 후손의 메시아로서 성전에 즉위하는 것으로 이어지기는커녕 성전과의 분리를 일으킨다. 단지 두 사람, 한 남성과 한 여성만이 예수의 성전 가르침을 지지했다. 그들은 예수께서 말씀하신 신앙의 근본 조항에 동의한 서기관과 그것에 따라 살아가는 과부였다. 이렇게 새로운 공동체 안에서 남성뿐만 아니라 여성까지도 받아들이는 행위는 과거의 모든 권력, 특별히 대제사장들, 서기관들, 장로들, 헤롯당원들, 바리새인들, 사두개인들과 같은 남성들이 주도하는 권력 구조에 도전하는 것이었다.

성전 파괴 예언

예수께서는 성전과 성전 지도자들의 자격을 박탈하시고, 성전을 죽은 무화과나무에 비유하시며, 성전에서 하나님 나라를 위한 "적절한 때"가 아님을 강조하신 후에, 그리고 신앙의 새로운 조항을 세우시고, 자신의 정체성을 다윗의 후손에 대한 기대와 분리시키시며, 자신의 권위를 성전과는 반대되는 것으로 설명하신 후, 이제 마지막으로 성전을 나가시고 결코 다시 그곳으로 되돌아오지 않으신다(13:1). 예수께서 성전을 나가시자마자 제자들 중에 한 명은 "선생님, 보십시오! 얼마나 굉장한 돌입니까! 얼마나 굉장한 건물들입니까!"라고 말하며 성전 건물의 웅장함과 영광스러움을 뽐낸다. 예수께서 방금 자기 자신을 성전과 분명히 분리시키고 성전에 심판을 선언하셨다는 사실을 고려해볼 때, 한 제자의 입에서 나온 이 진술은 엉뚱한 감탄이자 사실상 심각한 오해로 간주되어야 한다. 그 제자는 성전의 돌들을 볼 수 있는 눈을 가지고는 있었지만, 새 성전의 초석이신 예수를 볼 수 있는 눈은 가지고 있지 않았던 것이다.

예수께서는 곧 바로 대답하셨다. "네가 이 큰 건물들을 보느냐 돌 하나도 돌 위에 남지 않고 다 무너뜨려지리라"(13:2). 성전의 물리적 파괴에 대한 이 예언은 논리적으로 예수의 전체 성전 활동의 정점이다. 이제 독자들이 분명하게 알고 있었던 것—성전은 저주받은 무화과나무처럼 파괴될 것이다!—이 제자들에게 분명해져야 한다. 나무가 "뿌리째" 말랐듯이, 성전도 "돌 하나도 돌 위에" 남지 않고 다 무너질 것이다. 예수께서는 이러한 파괴에 대한 예언을 하신 후에, 감람산—예수께서 성전으로의 여행을 떠나셨던 장소—에 자리를 잡으셨다. 예수의 예언에 놀란, 베드로와 야고보와 요한과 안드레, 즉 처음 예수를 따르라고 부름 받은 바로 그 네 명의 제자들(1:16-20)은 이제 예수께 "우리에게 말씀해 주십시오. 이러한 일이 언제 일어나겠습니까? 또 이러한 모든 일들이 이루어지려고 할 때에는, 무슨 징조가 있겠습니까?"(13:4)라는 심각한 질문을 한다. 이 질문의 첫 번째 부분에 있는 "이러한 일"은 이미 예언된 성전 파괴를 다시 언급하는 것인데 반해, 두 번째 부분에 있는 "이러한 모든 일들"의 성취는 성취의 때, 하나님 나라의 도래를 가리킨다. 비전문적인 말로 표현하자면, 제자들은 "성전의 몰락이 언제이고, 하나님 나라 도래의 표적이 무엇입니까?"라고 물은 것이다. 예수께서는 이 질문에 대한 대답으로 감람산에 앉아 긴 가르침을 전해주신다(13:5-37).

제자들의 질문과 관련한 예수의 가르침의 성격은 특별한 설명을 필요로 한다. 마가의 이야기를 이 지점까지 잘 따라온 독자들은 예수의 가르침 일부가 이 복음서의 전기적(biographical) 서술과 맞지 않는 것처럼 보인다는 것을 알아차릴 것이다. 전쟁과 전쟁에 대한 소문, 폭동과 반란, 지진과 기근, 황폐하게 하는 가증스러운 우상이 서지 못할 곳에 서게 된 것, 산으로의 도피, 거짓 선지자들의 등장 및 그 외의 다른 사건들은 마가가 보통 예수의 삶과 관련을 짓는 것들이 아니다. 예수의 가르침, 특히 첫 번째 부분에서(13:5-23) 표면에 드러나는 것은 예수의 이야기라기보다는 초기 기독교의 이야기이다. 예수에 대한 전기가 단절되는 이유, 그것도 바로 이 지점에서 단절되는 이유는 마가와 독자들 시대의 문제들을 언급하는 지점에 이르렀기 때문이다. 네 명의 제자들이 제기한 문제는 우리를 마가의 시대에 위치시키면서 예수께서 사시고 죽으신지 40년이 지난 후에 대두된 특정한 근심들을 드러낸다. 성전의 종말과 모든 것들의 성취와 관련된 제자들의 질문은 성전 파괴와 하나님 나라 도래 사이의 연관성을 상정하고 있는 것과 같다. 우리가 본문을 1세기의 유대 역사의 맥락에서 읽는다면, 이러한 가정은 보기보다 그렇게 이상한 것은 아니다. 로마와 유대의 전쟁(주후 66-74년)에 대해 가장 광범위한 저작을 남긴 유대 역사가 요세푸스는 유대의 방어 전략들이 군사적인 요소 못지않게 종교적인 요소의 영향을 받았다고 언급한 바 있다. 메시아의 임박한 도래에 대한 뿌리 깊은 확신이 모든 어려움에도 불구하고 많은 사람들에게 싸우고자

하는 희망을 주었던 것이다. 선지자적 인물들은 전쟁 가운데
메시아가 간섭하실 것과 예루살렘 성전을 두고 벌이는 마지
막 전투의 정점에서 메시아가 구원해줄 것을 약속했다. 이러
한 사실은 성전의 위기와 메시아의 도래 사이를 연관 지은 제
자들의 질문을 이해할 수 있는 배경을 제공한다. 만약 예수께
서 예언하신대로 성전이 파괴된다면, 이 재앙이 하나님 나라
의 도래를 알리게 되는 것인가?

본래 이 가르침은 예수의 이름으로 와서 "내가 그이다"라
고 하는 몇몇 사람들에 대한 경고로 시작된다(13:5-6). 그들은
메시아의 권세를 주장하고 하나님 나라의 임재를 선포했다.
동일한 상황이 13:21-22에도 나타난다. 선지자적 인물들은
"보라 그리스도가 여기 있다 보라 저기 있다"고 말하며 등장
한다. 노련한 독자들은 13:5-6과 13:21-22에서 또 하나의 마가
의 액자식 구성을 알아볼 수 있을 것이다. 이 두 본문은 하나
의 같은 종류의 메시아적 선지자들을 다룬다. 마가는 예수 가
르침의 첫 번째 부분을 이러한 선지자들에 대한 언급으로 둘
러쌈으로써 이들의 활동과 〔그 가운데인〕 13:7-20에 묘사된 사
건들과의 연관성을 암시한다.

마가복음 13:7-20에 반영되어 있는 것으로 보이는 것은 로
마-유대 전쟁(13:7-13), 성전 파괴(13:14), 그리고 잇따르는 큰
"환난"의 시기이다(13:15-20). 전쟁, 전쟁에 대한 소문들, 기

근, 박해, 가족의 붕괴는 모두 로마-유대 전쟁으로 말미암는 재앙의 시기들을 떠올리게 한다. 비밀스러운 언어로 조심스럽게 기록된 13:14은 이상한 사건을 가리키고 있다. "'황폐하게 하는 가증스러운 물건'이 서지 못할 곳에 선 것을 보거든, (읽는 사람은 깨달아라) 그 때에는 유대에 있는 사람들은 산으로 도망하여라." 인간의 어떤 권력을 지칭하는 것으로 보이는, 서지 못할 곳에 선 "황폐하게 하는 가증스러운 물건"은 성전에 최종 공격을 명령하고 그 폐허가 된 장소(주후 70년)를 차지했던 로마 장군 디도를 가리키는 암호(code)일 것이다. 마가복음 13:14에 나타난 "읽는 사람은 깨달아라"는 표현은 (마가가 독자들에게 유일하게 하는 직접적인 호소로서) 이 구절에서 암시된 것의 독특한 성격을 더욱 강조한다. 우리가 생각하고 있듯이, 마가복음이 실제로 성전 파괴의 여파로 기록된 것이라면, 독자들이 예수의 비밀스러운 예언의 의미를 이해하였다는 것은 의심의 여지가 없다. 다시 말하자면, 13:14이 독자들의 마음에 가장 먼저 떠오르는 것을 가리키고 있기 때문에, 마가는 이것(읽는 사람은 깨달아라)과 이에 관한 일부 정보("황폐하게 하는 가증스러운 물건"이 서지 못할 곳에 선 것을 보거든)만을 가지고 독자들에게 가장 직접적인 방식으로 호소하고 있는 것이다. 성전 파괴는 끝이 아니라, 전례 없는 위기의 시기, 즉 큰 "환난"의 때의 시작이 될 것이다(13:15-20).

우리는 마가의 액자식 배열이 메시아적 선지자들과 로마-유대 전쟁의 혼란 사이의 연관성을 암시하고 있다는 것을 기억해야 한다. 마가는 역사적인 전쟁을 메시아적 선지자들에 관한 언급과 하나로 묶음으로써 우리가 이미 제자들의 질문(13:4)으로부터 추론했던 상황을 전개해 나간다. 선지자들은 전쟁 기간 동안 활동하면서 메시아 사상을 이용하려 했다. 그러나 독자들은 예수께서 그 선지자들을 "거짓 선지자"로 부르면서 이들의 속임을 정죄하였다는 것을 확인할 수 있을 것이다. 마가는 로마-유대 전쟁을 평가하면서, "그러나 아직 끝은 아니다"(13:7), "이런 일들은 진통의 시작이다"(13:8), "먼저 복음이 모든 민족에게 전파되어야 한다"(13:10)와 같은 경고성 어구로 강조함으로써, 〔성전의 파괴와 하나님 나라의 도래 사이의〕 불일치를 더욱 강화시킨다. 이 가르침의 첫 번째 부분이 감당하고 있는 주요한 기능은 선지자들을 논박하면서 모든 하나님 나라에 대한 기대들을 이 전쟁의 때와 분리시키는 것이다. 전쟁은 충만한 하나님 나라를 가져오는 것이 아니라 고난과 죽음을 가져온다. 예수께서는 제자들의 질문(13:4)에 직접적으로 대답하시면서 성전에 임할 재앙을 초자연적이지 않은〔nonmiraculous〕 사건으로 묘사하셨다(13:14). 그것은 하나님 나라가 도래가 아닌 도피와 역경과 환난의 때로 인도할 것이다.

그러나 하나님 나라의 도래 가능성이 완전히 좌절되는 것
은 아니다. 예수께서는 거짓 선지자들의 희망〔메시아의 구원에
대한 희망〕과 전쟁으로 인한 성전의 멸망을 서로 구분한 후에,
미래를 위한 새로운 소망을 제시하셨다. "그 환난이 지난 뒤
에"(13:24), 인자되신 예수께서는 권능과 영광 중에 나타나셔
서 열방을 위한 그분의 나라를 세우실 것이다(13:24-27). 오
직 그때—패배와 파괴와 환난이 지난 후에—만이, 무화과나무
가 다시 한 번 희망의 상징으로 기능할 수 있을 것이다(13:28-
29). 하나님 나라의 도래는 가까이에 있다고 기대되고 있지
만, 그 때는 인간의 계산에 달려있지 않다. 깨어있으라는 말씀
은 "집 주인"의 부재 기간에 살고 있는 자들을 위한 완곡어구
〔code word〕였다(13:30-37).

요약

마가복음 11:1-13:37에서 우리는 예수께서 예루살렘에 도착
하신 것과 성전을 이례적으로 다루시고 있는 모습을 살펴보
았다. 예수께서 세 차례의 성전 여행에서 행하신 전체 활동은
(인간 타락의 희생양이 된) 성전과 (성전과 대립하는) 하나님
나라 사이를 틀어지게 했다. 하나님의 나라는 예수의 시대나
그 후 어떤 시대에서라도 성전이나 성전의 지도자들과 결합
될 수 없다. 독자들은 성전을 향한 마가의 비판을 반유대적인

편견의 관점에서 읽어서는 안 된다. 우리는 마가의 예수가 유대인과 이방인으로 동등하게 구성된 이상적인 공동체를 지지하셨던 것을 기억해야 한다. 예수의 분노는 성전 지도자들을 직접적으로 향하고 있는 것이지, 자신의 유대인 동료들을 향하고 있는 것은 분명 아니다. 더욱이 성전에 대한 마가의 부정적인 태도는 로마-유대 전쟁(주후 66-74)과 로마의 성전 파괴(주후 70년)를 겪은 경험으로 인한 것임을 살펴보았다. 전쟁이 진행되는 동안, 그리고 전쟁이 끝날 무렵에 성전은 점점 메시아로 인한 해방의 희망을 전하는 중심점으로서 역할을 했지만, 이러한 희망들은 주후 70년 재난의 화염 속에서 사라져버렸다. 이것은 마가복음의 배경이 되는 역사적인 경험이다. 마가는 전쟁, 성전 파괴, 예루살렘에 하나님 나라가 도래하지 않는 것에 대한 예수의 예언을 기록해놓음으로써, 주후 70년 이후를 살아가는 자신의 독자들로 하여금 이 예수 이야기의 맥락에서 그 위기를 잘 대처할 수 있게 했다. 예루살렘에서의 예수의 사역은 우선적으로, 예수 자신의 시대이든 마가의 시대이든 간에, 성전이 하나님 나라가 임하는 장소가 될 수 없다는 점을 강조한다. 예루살렘은 하나님 나라의 장소이기는커녕 이중적인 트라우마(trauma)의 장소—예수의 죽음과 성전의 죽음—가 될 운명에 처하였다.

제5장
비참한 즉위식
마가복음 14:1-16:8

소위 수난 내러티브라고 불리는 14:1-16:8 단락에서는 예수와 제자들 사이의 갈등이 위기에 이르게 된다. 예수께서는 자신의 생명을 잃으시므로 생명을 구하시지만, 제자들은 생명을 구하려다가 생명을 잃게 된다. 제자들은 이 여행의 목적지인 갈릴리에 이르지 못한다. 마가의 이야기는 예수의 승리와 제자들의 몰락으로 끝이 난다.

죽음을 위한 준비

마가의 수난 내러티브는 어두움과 우울과 비극으로 가득하다. 마가복음에는 예수의 처형과 하나님의 버리심〔Godforsaken-ness〕, 그리고 그를 가까이에서 따르던 제자들의 종말에 관한 이야기가 마태복음이나 누가복음, 요한복음에서보다도 상대적으로 더 많이 담겨있다. 숨 막히는 분위기가 흐르는 마지막 기간에는 〔어느 누구도〕 죽음의 공포로부터 벗어나기 어렵다. 예수께서 고난당하시는 동안 신적인 개입은 나타나지 않는다. 십자가 고통 중에는 세례 때(1:11)와 변화산(9:7)에서 들린 하늘의 음성이 들리지 않는다. 나중에 살펴보겠지만, 〔마가복음에는〕 이 극심한 괴로움을 약화시키고 극복하게 할 만한 그 어떤 부활의 모습도 나타나지 않는다. 죽음은, 마가 이야기의 거의 마지막 부분까지, 자신의 긴 그림자를 드리운다. 예수의 부활이 언급되기는 하지만(16:6), 〔다른 복음서들처럼〕 부활한 주님께서 나타나 제자들과 말하는 장면은 없다. 이 복음 이야기는 부활로 승리하는 장면 대신에 제자들의 운명을 결정지을 미완성의〔aborted〕 메시지로 끝을 맺는다(16:7-8).

마가는 이 단락의 도입부에서(14:1-2) 예수의 여행이 죽음을 향한 것이라는 사실을 독자들의 마음에 분명하게 각인시킨다. 갈릴리에서 예수를 죽이려는 음모가 드러나고(3:6) 예수께서 성전을 부정하신 것으로 인해 성전 지도자들이 그를 죽이려는 폭력적인 반응을 보인 것(11:18) 이후로, 이 부분은 예수를 죽이려는 적대자들의 의도가 드러나는 세 번째 순간이 된다. 예수께서 오랫동안 예고해 오셨던 것(2:20; 8:31; 9:31; 10:33)이 예루살렘에서 일어나게 될 것이다.

예수께서는 감람산에 있는(참조, 11:1) 베다니에 자리를 잡

으셨다(14:3). 이 장소는 예수께서 세 번의 성전 여행을 출발
하셨던 곳이다. 베다니에서 한 여성은 예수의 머리에 기름을
부음으로써 존경을 표한다(14:3-9). 그녀의 기름부음은 고대
의 왕위 즉위식을 즉각 생각나게 한다. 기름부음, 즉 기름을
머리 위에 붓는 이 행위는미무엘의 기름부음으로 왕이 되었
고(삼상 16:13), 이후의 왕들도 하나님의 "기름부음을 받은 자
들"로 불렸다(시 45:7; 89:20). 이러한 고대의 의식과 같이,
다윗의 후손인 왕적 메시아 역시도 기름부음이라는 왕위 수
여식으로 임명될 것이라고 기대되었다. 예수의 베다니에서의
기름부음은 이 다윗의 임명식의 모든 측면들을 극적으로 뒤
집어버렸다. 예수께서는 성전에서 기름부음을 받지 않고, "그
의 자리", 즉 예루살렘과 그 성전 밖에 있고 그것들의 반대편
에 있는 장소에서 기름부음을 받으신다. 예수의 즉위식은 왕
적인 찬란함과 제사장적인 화려함 속에서 드려지는 기념행사
가 아니라, 나병환자 시몬의 집에서 드려진 식탁 교제였다. 예
수께서는 대제사장이나 제사장들에게 기름부음을 받지 않으
시고, 한 익명의 여인에게 기름부음을 받으셨다. 예수의 기름
부음은 사람들의 칭송을 받지 못했고, 오히려 비난을 받았다.
무엇보다도, 예수께서는 생명과 권위를 위하여 기름부음을
받으신 것이 아니라, "장례를 미리"(14:8) 준비하기 위해 기름
부음을 받으셨다. 예수의 기름부음은 죽음으로 가는 기름부

음이다. 하나님의 나라가 예루살렘에 대한 기대 및 그 지도자
들과는 반대되도록 세워졌고, 예수의 권위가 성전 위에 있는
것으로 정의되고 성전에 대항하는 것으로 정의되듯이, 베다
니에서의 예수의 기름부음도 전통적인 다윗의 기름부음과는
대조되었다. 감람산에서 성전으로 가셨다가 다시 감람산으로
되돌아오시는 예수의 여행들이 보여주듯이, 예수의 목적은
전통적으로 다윗에게 기대되었던 것들을 성취하는 데에 있었
던 것이 아니라, 그것들을 뒤엎고 전복시키는 데에 있었다. 예
수의 왕위 취임은 생명이 아닌 죽음에서 발생한다.

예수께서 기름부음을 받으신 후에, 그의 죽음과 그 죽음으
로 말미암을 대관식을 촉진시킬 사건들이 진행된다. 일전에
호의적이지 않았던 소개로 인하여(3:19) 독자들이 잘 알고 있
을 가룟 유다가 먼저 예수를 적대자들의 손에 넘긴다(14:10-
11). 유다는 예수의 죽음과 관련하여 세 차례 등장하는데, 마
가는 세 차례 모두 제사장의 권력에 협조한 자가 선택된 제
자이자 본래 내부자였던 사람들 중 한 사람이라는 사실을 독
자들로 하여금 충격적으로 깨닫게 한다. 즉, 유다는 "열둘 중
의 하나", "열둘 중의 하나", "열둘 중의 하나"이다(14:10, 20,
43)!

예수께서는 죽음을 맞이하시기 전 예루살렘으로의 마지막
여행을 준비하기 위하여 두 제자를 앞서 보내시며 특별한 지

침을 주셨다. 두 제자는 모든 것이 예수께서 예견하셨던 대로였음을 알게 되었고, 주께서 지시하신 것들을 수행하였다 (14:12-16). 이러한 다소 이해하기 어려운 준비 과정은 예수께서 첫 번째로 예루살렘을 방문하셨을 때 이미 행하셨던 것들과 유사하다. 예수께서 감람산에 도착하신 후. 입성을 준비하기 위하여 두 명의 제자들을 예루살렘으로 보내셨고, 그들은 모든 것이 예수께서 예상하셨던 대로였음을 알게 되었다는 기사를 기억할 수 있을 것이다(11:1-6). 예수께서 죽으시기 전에 예루살렘에 들어가시는 처음과 마지막 순간에 면밀하게 준비를 하시고 특별한 임무를 감당하신 것이다. 이로 인하여 이 두 번의 방문은 다른 모든 예루살렘 방문과는 구별된다. 우리가 기억하고 있는 것처럼, 첫 번째 방문은 성전과 관련하여 이어지는 내용을 위한 장을 마련하고, 예수의 성전 파괴 예언에서 그 정점에 이르게 된다. 마지막 방문은 마지막 만찬에서의 엄숙한 말씀, 곧 예수의 임박한 죽음을 위한 장을 마련한다. 이렇게 예수의 첫 번째와 마지막 방문은 예수의 예루살렘 여행의 이중적인 동기를 집약해서 보여준다. 그것은 바로 성전의 죽음을 알리는 것과 자기 자신이 고통을 받고 죽는 것이다.

예수의 예루살렘 여행의 자명한 목적은 열두 제자들과의 마지막 만찬을 기념하기 위함이었다(14:17-25). 두 제자들

은 유월절을 지내려고 하였고, 예수께서는 이에 동의하셨다
(14:14). 하지만 실상 예수께서 기념하신 유월절은 통상적으
로 지내왔던 것이나 제자들이 기대했던 것이 분명 아니었다.
이 마지막 만찬은, 하나님 나라가 조상 다윗의 나라와 다르듯
이, 베다니에서의 기름부음이 기대되었던 왕위 임명식과는
다르듯이, 전통적인 유월절과는 달랐다. 이들의 식사의 중심
은 유월절 어린양도 아니었고—그들이 무엇을 먹고 있었든지
간에—예수의 말씀은 출애굽 사건을 기념하는 것도 아니었다.
그 대신 예수께서는 전통적인 유월절을 자신의 죽음에 비추
어서 과감하게 재구성하셨다.

먼저 예수께서는 열두 제자들 중에 배신자가 있음을 드러
내신다(14:17-21). 독자들은 그 배신자의 정체를 알고 있지만,
열두 제자들 중 나머지 열한 제자들은 알지 못한다. 왜냐하면
마가 이야기의 예수께서는 그것을 제자들에게 드러내기를 삼
가셨기 때문이다. 마가는 제자들에게 배신자의 정체를 밝히
지 않음으로써 불안감을 고조시키고 열두 제자들이 겪을 비
극을 심화시켰다. 기쁨의 유월절을 기념하는 대신에, 그들은
모두 자신들이 의심받고 있다고 생각하면서, 번갈아가며 "나
는 아니지요?"라고 묻는다(14:19). 열둘 중에 어느 한 사람도
혐의가 없지는 않았다. 다음으로 예수께서는 자신의 죽음을
상징하는 떡과 잔의 의미를 설명하시고 그것들을 나누어 주

신다(14:22-25). 떡을 먹고 잔을 마심으로써, 열두 제자들은 예수의 죽음에 대해서 알게 될 뿐만 아니라, 모두 그 죽음에 참여하게 되었다. 그러나 "그들이 모두 그 잔을 마셨다"는 진술은 아이러니가 아닐 수 없다. 왜냐하면 예수께서 고난당하시는 동안에 열두 제자들이 보여주는 행동은 그들이 잔을 나눈 것과는 상반되기 때문이다. "열두 제자들은 모두 그 잔을 마셨지만", "그들은 모두 다 예수를 버리고 도망갔다(14:50)."

마지막으로 예수와 열두 제자들은 감람산으로 되돌아갔다(14:26). 예수께서는 "그의 자리"에서 마지막으로 열두 제자들에게 말씀하시면서 마지막 사건들과 이 여행의 목적지에 대해서 알려주신다(14:26-28). 예수께서는 죽임을 당하고, 제자들은 도망가겠지만, 그의 부활은 제자들이 갈릴리로 되돌아가야 한다는 것을 알려주는 표가 될 것이다. 갈릴리가 목적지로 드러남으로써 예수의 사역에 논리성이 부여되면서 전체 여행의 의미가 드러난다. 갈릴리는 보편적인(ecumenical) 유대-이방 공동체를 세운 장소였다. 제자들은 바로 이 갈릴리에서 새로운 공동체를 돌보는 사도적 목자로 임명되었다. 예수께서는 길을 걸어가시는 동안, "목자 없는 양 같은"(6:34) 사람들을 맡을 때를 대비하여 제자들, 특별히 열둘을 준비시키셨다. 목자이신 예수께서 죽으신 후에, 그는 열두 제자들에게 갈릴리로 돌아갈 때를 알려주실 것이며, 그때에 하나님 나라의

"복음의 시작"에 지나지 않았던 것이 성취될 것이다.

예수의 마지막 말씀은 제자들에게 완전하게 받아들여지지 않았다. 마가는 〔대결이라 하기에는〕 약한 감이 있기는 하지만 매우 신중한 언어로 이어지는 베드로와 예수의 대결을 묘사한다. 베드로와 예수는 가이사랴 빌립보에서 있었던 일전의 대결(8:27-33)과 동일하게 서로를 논박하고 있지만, 이번에는 〔베드로를 제외한〕 열한 명의 제자들도 예수를 반대하는 베드로와 한편이 된다. 열두 제자들의 대변자인 베드로는 제자들이 도망갈 것이라는 예수의 예언에 항변했다. 베드로는 다른 모든 제자들보다 뛰어났던 수제자였을 것이다. 예수께서는 베드로의 주장을 반박하시면서 조만간 그가 예수를 부인할 것을 예고하셨다. 이에 대해 베드로는 예수의 예고를 부정하며 반대 주장을 폈다. 베드로는 예수를 부인하는 것이 아니라 주와 함께 고통을 당하고 심지어 주와 함께 죽겠다고 힘있게 말했다. 그리고 "다른 모든 제자들도 이와 같이 말했다(14:31)."

마가는 미묘하지만 체계적으로 자신의 독자들에게 영향을 미치면서, 독자들로 하여금 열두 제자들의 궁극적인 종말을 받아들일 수 있도록 설득해 나간다. 수제자로 선발되었던 베드로는 예수를 부인할 것이고, 열한 명은, 예수의 마지막 가르침에 귀가 먹은 듯이, 미래의 역할에 대해서 오해하고 있다.

이 단계에서 우리는 더 이상 유다만을 희생양으로 선택할 수
없다. 유다는 단지 "열둘 중에 하나"일 뿐이다. 열한 명은 모
두 예수의 마지막 가르침에 반대하는 베드로의 편에 서있다.
이러한 상황에서 열두 제자들이 예수의 사도적 대리자로서
기능할 수 있는 것 같지는 않다. 그들은 이전의 눈이 멀고 귀
가 먼 상태에서 조금도 나아지지 않았다. 만약 마지막 순간
에 마음의 변화가 일어나지 않는다면, 열두 제자들은 이 여행
의 목적지에 도달하지 못할 것이다.

겟세마네에서의 갈림길

감람산에 있는 겟세마네는 예수와 제자들 사이의 갈등을
해결하려는 예수의 마지막 시도를 보여준다. 그러나 마가는
낙관적인 화해 대신에 최종적인 길이 서로 다름을 보도한다
(14:32-42). 예수께서는 임박한 죽음으로 인한 근심 때문에
혼자만의 기도 시간을 가지셨다. 그사이에 깨어있으라는 요
청을 받은 베드로와 야고보, 요한은 잠들어버렸다.

예수께서는 기도의 자리에서 세 번이나 세 명의 제자들을
향해 나아가시지만, 이들은 그때마다 자고 있었다. 예수께서
기도하시다가 처음으로 세 명의 제자들에게 돌아오셨을 때,
베드로를 지목하시며 깨어있지 못한 것에 대해 나무라셨다
(14:37). 예수와 베드로의 의견 충돌(14:29-31)에 뒤이어 베드

로가 잠든 것을 발견하신 후, 〔마가복음 내에서〕 베드로를 마지막으로 부르시는 이 순간에 베드로를 옛 이름〔"시몬아 자느냐?"〕으로 부르셨다. 예수의 책망은 시몬을 향한 것이지 베드로를 향한 것이 아니었다. 열두 제자들이 선택될 때에 베드로가 새로운 이름을 받은 것은 그가 가진 우월한 선도적 위치를 의미하듯이, 〔새 이름을 받은 이후에〕 여기에서 단 한차례 옛 이름으로 돌아가는 것은 베드로의 강등을 의미한다.

예수께서 두 번째로 세 제자들에게 돌아오심으로써 제자들의 잠자고 있는 모습이 다시 한 번 강조되었다. 이들의 잠의 깊이는 "그들의 눈이 심히 피곤함이라"(14:40)는 말로 강조되어 표현된다. 더욱이 마가는 세 제자들이 "예수께 무슨 말로 대답해야 할지를 몰랐다"(14:40)고 진술한다. 이러한 반응은 베드로가 예수께서 변형되신 모습(9:6)을 보고 이해하지 못했던 것을 생각나게 한다. 이 세 명의 제자들은 이전에 예수께서 변형되신 모습의 의미를 잘 이해하지 못했던 것처럼 겟세마네에서 일어나는 일을 잘 이해하지 못한 것이다. 제자들은 겟세마네에서 어떻게 예수께 적절히 반응해야 하는지 알지 못했는데, 이것은 단순히 자연 발생적인 졸음 때문이 아니라, 그들이 이 사건의 의미를 이해하지 못했기 때문이다. 예수께서는, 세 번째 돌아오셨을 때, "아직도 자느냐? 아직도 쉬느냐?"〔그리스어 사본에는 원래 구두점이 없었기 때문에, 어떤 번역본은 이것을 명령문으로 읽기도 한다. 참고로 개역성경은 한글 번역본 중에서는 거의 유일하게 명령문으로 읽는다-역주)라고 물으시며 한 번 더 제자들의 피곤함에 주의를 기울이셨다(14:41).

겟세마네에서의 쟁점은 제자도에 주된 장애물로 판명된 바로 그 문제, 즉 고난의 필요성이다. 예수께서는 마지막으로 자신의 운명과 제자들의 운명을 하나의 공통된 목적 안에서 통합시키려 하셨다. 하지만 예수께서는 늘 기도하며 고난의 잔을 마시기로 결단하시지만, 열두 제자들은 그 잔을 회피한다. 마가는 냉혹할 정도로 이 세 명의 제자들의 연약함을 부각시킨다. 마가가 예수의 세 차례 방문을 극적으로 표현한 이유는 세 제자의 부정적인 역할을 강조하기 위함이다. 세 번 언급된 예수의 방문은 세 제자들의 고질적인 질병인 눈 먼 상태를 묘사적으로 보여준다. 예수께서 고난 받는 인자로서의 자신의 정체성을 받아들이시는 그 시간에도 그들은 깊은 잠을 자고 있었다. 그들이 예수께서 수난 기도를 드리는 이 결정적인 시간에 깨어있지 못한다면, 어떻게 예수의 수난을 견뎌낼 수 있을까? 겟세마네는 제자들의 본심을 드러내어 예수와 함께 죽겠노라는 예전의 그 맹세(14:31)를 반박한다. 결국 예수께서는 죽음의 길을 걸어가기로 결정하시지만, 세 제자는 이 길을 따라가지 못했다. 예수와 제자들 사이의 갈등은 이제 곪아 터져서 해결할 수 없음이 입증되었다. 이제부터 예수와 제자들

은 서로 다른 길을 가게 될 것이다. 예수께서는 체포되어 예
루살렘으로 끌려가 죽게 되실 것이다. 예수께서는 죽음을 맞
이하실 것이고 죽음을 통해 생명으로 들어가실 것이다. 제자
들은 예수께서 체포당하실 때에 그를 버릴 것이고, 그리하여
하나님 나라로 가는 길에 들어설 마지막 기회를 놓치게 될 것
이다.

하나님의 버리심으로 인한 죽음

예수께서 체포되실 때에 엄밀한 의미에서의 수난이 시작된
다(14:43-50). 유다는 성전 관계자들이 보낸 무장한 무리들을
인도하여 겟세마네에 도착하였고 예수께 입을 맞춤으로써 신
호를 보냈다. 예수께서는 폭력적인 분위기에 저항하시면서,
모든 정치적인 관계들을 부인하셨다. 그는 권위 있게 가르치
는 선생이었지, 반란을 일으키려는 정치적인 선동가가 아니
었다(14:48; 참조, 11:17; 12:13-17). 예상해왔던 대로 제자들
은 적대자들이 예수를 붙잡는 바로 그 순간 "모두 그를 버리
고 달아났다"(14:50). 제자들은 모두 그 잔을 마셨고(14:23),
모두 예수와 함께 죽겠다고 맹세했지만, 수난이 시작되자마
자 모두 예수를 버렸다(14:50). 그들은 예수를 따르는 것이 아
니었기에 이 길의 목적지에 이를 수 없었다. 제자들의 도망은
제자도의 길이 끝났음을 보여준다.

그러나 예수를 따라가고자 했던 두 사람이 있었다. 한 사람은 신비에 싸인 청년이다(14:51-52). 이 청년은 예수를 따라가다가 무리들에 의해 체포되지만, 가까스로 도망가게 된다. 체포와 도망과 분열〔disintegration〕의 중심에서, 이 청년은 죽음으로부터의 구원과 궁극적인 회복〔reintegration〕을 암시한다. 그는 홑이불〔σινδών〕을 버려두고 벌거벗은 몸으로 도망친다〔escape〕. 유사한 방식으로 예수께서도 세마포〔σινδών〕로 싸이셨고(15:46), 부활로 인해 그 세마포에서 벗어나신다〔escape〕. 이 청년은 마가의 복음 이야기 마지막 부분에 다시 등장하여, 예수의 무덤에 앉아서 부활의 소식을 알려줄 것이다(16:5-7). 예수를 따르는 나머지 한 사람은 베드로이다. 그는 마지막으로 예루살렘으로 가시는 예수를 따라가는 유일한 제자이다. 그러나 베드로는 "멀찍이 떨어져서"(14:54) 예수를 따라가며, 나중에는 그를 부인한다.

예수께서 예루살렘에 도착하자마자 공회, 즉 대제사장이 주재하며 성전 관계자 대표들로 구성된 공회 앞에 서시게 되셨다(14:53-65). 이 공회의 명백한 의도는 예수께 사형을 선고하도록 압력을 가하는 데에 있었다. 이전에 예수께서 성전에서 보이셨던 성전에 대한 태도가 그 심문의 주요 이슈가 된 것은 당연했다. 기소의 내용은 예수께서 성전을 파괴하고 사흘 동안에 다른 성전을 지을 것이라고 말씀하셨다는 것에 있었다(14:58). 표면적으로는 이 진술이 예수의 실제 삶에 부합하는 것처럼 보인다. 예수께서는 성전을 무위화 하셨고 자신이 삼일 만에 부활할 것을 말씀하시지 않았는가? 확실히, 예수께서는 성전을 강하게 비판하시면서 성전의 물리적인 멸망을 예언하셨다. 그러나 증인들은 예수께서 하신 성전 비판을 예수께서 직접 성전 파괴를 하신다는 것과 혼동했다. 예수께서는 결코 자신이 직접 성전의 몰락을 일으킬 것이라고 말하신 적이 없다. 더욱이 예수께서는 자신이 죽은 후 삼일 만에 부활할 것을 예언하셨지, 옛 성전의 파괴 후 삼일 만에 또 하나의 다른 성전을 짓겠다고 말씀하신 것이 아니었다. 따라서 이 증인들은 진실을 말하는 것이 아니었는데(14:56, 59), 예수께서는 이들의 거짓에도 불구하고 침묵하셨다.

이 지점에서 대제사장은 심문을 직접 지휘하면서 예수의 자백과 사형 선고로 몰아간다. 대제사장은 메시아에 관한 매우 중요한 질문(14:61, "네가 그리스도, 찬송 받을 이의 아들 [즉, 하나님의 아들]이냐?")을 던짐으로써 예수의 자백을 이끌어내려고 했다. 예수께서는 단호하게 "내가 그니라"라고 대답하시면서, 동시에 "인자가 권능자의 우편에 앉은 것과 하늘 구름을 타고 오는 것을 너희가 보리라"(14:62)는 추가적인 설명을 덧붙이셨다. 예수의 이 자백은 대제사장의 종교적인 확신에 어긋났고, 그를 크게 화나게 했다. "내가 그니라"와 "너희가 보리라"라는 예수의 두 가지 대답은 자신의 현재 권위를 확증하면서 미래의 계시를 내다보고 있는 것이었다. 예수께서는 죽음의 문턱에 서있는 그리스도, 하나님의 아들이지만, 공회원들은 현재 상황에서 그가 누구인지 알아볼 수 없었다. 그러나 예수의 신분이 온 우주 가운데 분명하게 나타나는 시간이 오게 될 것이다. 예수께서는 이 미래에 관하여 말씀하시면서 삼인칭 표현으로 자기 자신을 인자라고 신비롭게 지칭하셨다. 인자이신 예수께서는 하나님 우편으로 높임 받으실 것이고, 하늘의 권능과 영광 가운데 오실 것이다. 이러한 종류의 메시아는 대제사장이 가지고 있었던 메시아에 대한 견해와 좀처럼 맞지 않았다. 이렇게 예수께서 사실상 자신을 하나님과 동일시하신 것은 과거에 죄를 사하신다는 주장(2:7)만큼이나 신성모독으로 보인다. 대제사장은 참담한 분노로 자신의 옷을 찢으며, 어려움 없이 예수의 죽음에 찬성하는 만장일치의 표를 얻는다(14:64).

길을 걸어가시는 내내 예수께서는 자신의 정체와 여행의 목적을 제자들에게, 열두 제자들에게, 세 명의 제자들에게 드러내셨다. 그러나 내부자들은 외부인이었던 것으로 드러났고, 수제자 베드로는 거짓 고백자로 입증되었다. 무리들과 적대자들에 대해서 말하자면, 예수께서는 그들 중 어느 누구에게도 자신의 신분을 결코 드러내지 않으셨다. 오직 악한 영들만

이 예수를 알아보았지만, 예수께서는 그들에게 잠잠하라고
명하셨다(1:34; 3:11-12). 전체 복음 이야기의 관점에서, 대제
사장 앞에서의 예수의 고백은 오해와 거짓 고백, 오인된 신분,
허위사실에 근거한 고소로 가득 차 있는 삶을 절정에 이르게
한다. 예수께서는 심문 중에 적대자들 앞에서 자신의 완전한
신분을 단 한 차례, 유일하게 드러내심으로써, 자기 자신을 즉
시 유죄인 것처럼 만들어 사형선고를 이끌어내셨다. 물론 마
가가 가지고 있었던 예수의 메시아직 개념에 따르면, 이 사형
선고는 반드시 필요하다. 기소자들 앞에서 하신 단 한 차례의
유일한 자기 계시는 사형선고로 "인증"되어야 한다. 왜냐하면
예수께서는 자신의 죽음의 관점에서, 그리고 그 죽음의 결과
로 하나님의 아들이자 인자로서의 자신의 신분을 완성하시기
때문이다.

　자신을 따르는 자들에게 버림을 받고 거짓 기소자들과 맞
서신 예수께서는 베드로가 자신을 부인했을 바로 그 때에, 바
로 그 장소에서 사형선고를 받으셨다. 마가는, 우리가 이전
에 살펴보았던, 자신이 가장 즐겨 사용하는 액자식 구성 기법
을 통해 이러한 해석을 보여준다. 마가는 예수의 심문 이야기
(14:55-65)를 베드로의 부인 이야기로 둘러쌌다(14:54, 66-
72). 이러한 액자식 배열에 의해서 마가는 예수의 고백과 베
드로의 거부를 병치시키고, 독자들이 두 장면을 비교할 수 있

도록 했다. 이로 인한 효과는 베드로의 비극의 깊이가 비교할
수 없을 정도로 극적으로 표현된다는 것이다. 마가복음 이야
기의 이 마지막 순간에 열두 제자들의 수장은 예수와 화해할
수 없는 대적의 위치에 놓이게 된다. 베드로의 부인하는 고백
들〔anticonfessions〕은 예수의 운명을 결정짓는 고백과 대비된다.
예수의 고백은 사형선고를 초래했지만, 베드로의 세 번의 부
인은 자신의 생명을 구하려는 시도였다.

　예수께서 임박한 고난의 실체에 대해 세 번이나 제자들, 특
히 열두 제자들의 눈을 뜨게 하려고 시도하셨다는 것을 우리
는 기억한다(8:31; 9:31; 10:33-34). 그러나 세 차례 모두 그들
은 깨닫지 못했다. 예수께서는 겟세마네에서 고난의 기도를
드리는 동안 세 제자들에게 깨어있으라고 세 번이나 요구하
셨다(14:32-42). 그러나 세 차례 모두 그들은 잠을 이기지 못
했다. 베드로의 세 번의 부인은 정점에 이른 제자도의 비극을
보여준다. 지금까지 마가 보여주었던 계속 지속되어 온 그 치
유할 수 없는 눈 먼 상태에 대한 기록들 이후에도, 제자들은
예수를 버리고, 하나는 그를 배반하고, 열두 제자들의 대표인
베드로는 마지막 장면에서, 예수께서 자신에 대해 고백을 하
고 있는 동안, 그를 세 번이나 부인한다. 상심한 마음으로 눈
물을 흘리는 베드로는 이 복음 이야기에서 점차 사라져간다.
베드로는 자신이 예수의 끔찍한 예언을 성취했다는 것을 알

았다(14:30, 72).

예수께서는 성전 관계자들과 공회원들의 선동으로 인하여 결박당해 본디오 빌라도에게 보내졌다(15:1). 이 로마 총독은 점령군을 담당하고 있었고, 시민법과 질서에 관한 문제에 민감했다. 예수의 범죄에서 정치적인 특성을 확신할 수 있을 경우, 그는 예수를 로마의 십자가형에 처할 수 있었다. 빌라도는 자신의 관점에서 "네가 유대인의 왕이냐?"(15:2)는 정치적인 질문을 한다. 즉, 예수께서 왕적이고 정치적인 권력을 갖게 됨으로 로마의 법과 질서에 위협을 가한 적이 있느냐는 것이다. 이에 대한 예수의 대답은 모호해 보인다(15:2). 예수께서는 왕이시기는 하지만, 빌라도가 생각하는 종류의 그러한 왕은 아니셨다. 이 총독은 예수를 "이상하게"(15:5) 생각하며, 폭도인 바나바 대신에 예수를 석방할 것을 제안한다(15:6-10). 실제로 빌라도는 예수께서 죽으신 후에도 "이상히 여긴다"(15:44). 그러나 유다의 도움으로 예수의 체포를 지휘하고 유죄 판결을 배후에서 조종한 성전 관계자들은, 군중들이 예수를 반대하도록 선동했다(15:11-15). 빌라도는 압력에 굴복하며 정치범들을 위해 준비된 형벌을 내린다. 전 생애 동안 거짓 자백과 거짓 기소를 당하신 예수께서는 오인된 신분의 희생자로 죽게 되셨다.

복음서 기자는 예수의 죽음의 신체적인 측면을 깊이 생각하지 않지만, 그가 묘사하는 고통은 신체적인 고통의 측면을 뛰어넘을 정도로 강력하다. 예수께서는 모든 이들에게 버림을 받은 채, 어떤 이들의 도움도 받지 못하고 죽으셨다. 구레네 사람 시몬이 십자가를 짊어졌지만, 예수를 불쌍히 여기고서 이 일을 한 것이 아니라 억지로 한 것이다(15:21). 예수의 고통에 무관심한 군인들은 그들의 일을 다 한 후에 예수의 옷을 나눈다(15:24). 지나가는 행인들은 예수를 조롱하며 자신을 구원하는 기적을 행하라고 한다(15:29-30). 성전 관계자들도 아무 일이 일어나지 않음〔nonmiraculous〕을 보고 예수를 비웃었다(15:31-32). 심지어는 예수와 함께 좌우에 달린 두 명의 강도들조차도 예수를 동정하지 않았다(15:32). 예수의 마지막 말씀은 오해되었고(15:34-35), 마지막 순간에는 그 생명을 연장시키려는 끔찍한 시도가 행해졌다(15:36). 일제히 조롱하는 사람들에게 둘러싸인 예수께서는 고통을 완화하기 위한 음료를 거부하시면서 고통 가운데 죽으셨다(15:23). 예수께서는 "섬김을 받으려 함이 아니라 도리어 섬기려 하고 자기 목숨을 많은 사람의 대속물로 주기 위해" 오셨다(10:45).

이제 육시부터 구시까지 어두움이 십자가를 감싸고 온 땅을 뒤덮는다(15:33). 이 지구상의 어둠은 악의 세력이 승리했다는 것과 귀신이 권력을 장악했음을 보여주는 것이다. 십자가에서 귀신의 세력들이 패권을 잡고 다스리며, 예수께서는 자신이 직접 축출했던 바로 그 귀신의 힘에 의해서 짓밟힘 당하신다. 또한 예수의 마지막 두 외침들, 즉 유기〔dereliction〕에 대한 외침(15:34)과 마지막으로 숨을 내쉴 때의 외침(15:37)은 예수께서 악의 세력에 의해 제압당하신 것을 묘사해준다. 이 두 외침은 모두 악한 영들에게 굴복한 상태에서 나오는 "큰 외침들"이다(참조, 1:26; 5:7). 한때 예수의 권위가 귀신들을 몸부림치게 했던 것처럼, 귀신들의 존재는 십자가 위의 예수로 하여금 칠흑 같은 어둠속으로 소리치게 한다.

귀신적 어둠에 둘러싸여 악의 세력에 압도된 예수께서는 하나님의 부재를 겪으시며 "나의 하나님, 나의 하나님 어찌하여 나를 버리셨나이까?"라고 말씀하신다. 예수의 이 또렷한 마지막 말씀은 세례 때 예수께 권능을 주시고 십자가에서는 무력하게 만드신 하나님께 던지는 질문의 형태로 되어 있다. 예수께서는 단순히 로마-유대의 권력 구조의 수중에 넘겨지신 것이 아니라, 그것을 초월하여 사탄적 어둠과 하나님께서 버리신 상태 속으로 "넘겨지셨다"(14:10, 11, 18, 21, 41, 42, 44; 15:1, 10, 15). 예수께서는 육체적인 고통과 제자들 및 동료들의 내버림을 경험할 뿐만 아니라, 그것을 초월하는 완전한 고독을 겪으셨다. 하나님께서는 가장 필요한 시간에 개입하지 않으시고 예수를 버리신 것은 예수께서 겪으신 고난의 궁극적인 깊이를 조성한다. 예수께서는 그의 마지막 질문이

답변되지 않은 채로, 유기에 대한 비명을 지르시고 죽으신다.

십자가에 달리신 왕

예수께서는 자신을 따르는 자들에게 거절당하고, 대적들에 의해 조롱당하며, 심지어는 함께 십자가에 달린 자들에게까지도 비웃음을 당하고, 하나님께 버림받아 사탄의 수중에 넘겨지심으로써 역설적으로 왕으로서의 사역을 성취하셨다. 적대자들이 예수를 부를 때에 왕이라는 명칭을 사용한 것은 아마도 마가가 이러한 역설을 전달하기 위해 사용했던 가장 두드러진 장치일 것이다. 예수의 정체를 오해하고 있으면서도, 의도치 않게 예수에 대한 진리를 분명하게 전한 것이 되었다. 사형을 언도한 빌라도는 예수를 왕으로 부른 첫 번째 사람이다(15:2). 십자가형을 요구하는 무리들도 예수를 왕으로 불렀다(15:12). 군인들은 예수를 왕으로 경배하는 모진 조롱의 장면을 연출한다(15:16-20). 예수의 사형을 선동했던 성전 관계자들은 예수를 왕으로 부르며 조소한다(15:31-32). 요약하면, 예수를 죽이는데 도구가 되는 사람들—성전 관계자들, 빌라도, 군인들, 무리들—은 예수께 왕의 칭호를 주고, 그렇게 함으로써 무지와 악행 속에서 진리를 말하고 진리를 연출해낸다. 마가에게 있어서 예수께서는 정확히 굴욕적인 대관식을 겪은 분이자 가시로 만들어진 왕관을 쓴 분이다. 예수께서 갈

릴리에서 선포하셨던 하나님 나라(1:14-15)와 (비록 성공하지
는 못했지만) 열두 제자들을 준비시키고 세우시려 했던 그 하
나님 나라는 예수의 십자가 죽음에 의해 정당화된다. 예수의
십자가 처형은 하나님 나라 메시지와 반대되는 것이 아니라,
역설적으로 예수를 왕으로 세우는 대관식의 순간이었다.

마가가 십자가를 즉위식의 장소로 보는 해석을 강화시키
는 추가적인 모습들이 있다. 예수의 예루살렘 여행은 고난
과 십자가를 향하여 "올라가는 것"(10:32, 33; 15:41)으로 여
겨진다. 십자가에 달리신 예수께서는 십자가에서 "내려오
라"(15:30, 32)는 조롱하는 자들의 외침을 따르지 않으셨다.
이 올라감-내려옴 구도에서 십자가는 예수의 고양(elevation: 올
라감)을 위해 선택된 장소로 지정되었다. 더욱이 "하나는 그의
우편에, 하나는 좌편에"(15:27) 있던 두 강도의 십자가 처형은
즉위식 장면의 이미지를 강화시킨다. 동일하게 십자가 한 가
운데에 쓰여 있는 명패(15:26)도 죄목을 가리키고 있었지만,
아이러니 하게도 예수의 영광을 드러낸다. 예수의 메시아직
은 십자가 위에서의 완전한 유기를 통해 완성되었다.

예수의 죽음은 두 가지 즉각적인 결과를 가져왔다. 예수께
서 죽으시자 동시에 성전의 휘장이 찢어졌고(15:38), 백부장
은 신앙을 고백했다(15:39). 성전 휘장이 찢어지는 것에 관하
여서, 마가의 언어는 그것이 성전의 가장 안쪽의 지성소를 덮

고 있던 휘장이 아니라, 오히려 전체 성전 건물 앞에 걸려있
던 휘장임을 나타내주고 있다. 성전 휘장이 "위에서 아래까지
두 폭으로"(15:38) 찢겨졌다는 것은 성전 전체의 파멸을 예
증하는 것이다. 우리는 마가의 예수가 두 가지 동기를 가지고
예루살렘으로 가신 것을 기억한다. 즉, 성전의 죽음을 알리고,
스스로 죽음을 맞이하기 위한 것이었다. 십자가에서의 예수
의 죽음은 이 두 가지 동기를 하나의 인과관계로 결합시키고,
그럼으로써 예루살렘 여행의 목표를 달성시켰다. 예수께서는
성전 관계자들의 선동에 의하여 죽으심으로써, 이들의 전통
적인 권력 장소에 대한 종말을 촉진시키셨다. 예수의 무기력
한 죽음은 상전의 파멸을 예고하면서, 예수를 성전 보다 높으
신 분으로, 성전에 반대되는 왕으로 세운다. 백부장의 감탄의
말들은 마가복음에 나타나는 인간의 유일한 참된 신앙고백이
다. 예수의 본질〔nature〕과 그의 여행의 목적은 죽음으로 인해
드러났다. 마가에 따르면, 예수의 본질〔essence〕은 오직 죽음을
고려할 때에 비로소 드러날 수 있다. 이러한 이유로 제자들은
결코 예수를 십자가에 달리신 왕이자 하나님의 아들로 알아
볼 수 없었다. 제자들은 예루살렘으로의 마지막이자 결정적
인 여행이 시작될 때에 예수를 버렸다. 그래서 제자들이 고백
해야 했지만 할 수 없었던 그 고백은 또 다시 대적—역설적이
게도 예수의 처형을 담당하고 있던 그 사람—에게 맡겨지게

되었다. 그 백부장은 예수께서 죽으신 방식과 그 죽음을 둘러 싸고 있는 상황을 목격하고서, "이 사람은 진실로 하나님의 아들이었도다"(15:39)라고 고백했다.

세례 요한의 제자들은 자신들의 스승을 무덤에 묻었지만 (6:29), 예수의 제자들은 이러한 마지막 존경의 표시를 하지 않았다. 또 다시 제자들이 했어야 했던 것을 행하는 자는 파 멸의 세력들의 한 대표자였다. "존경 받는 공회원"(15:43)인 아리마대 사람 요셉이 빌라도와 백부장과 협력하여 예수의 매장을 준비했다. 마가는—복음서 저자들 중에 오직 마가만 이—공의회의 모든 구성원들이 사형을 승인했다는 사실을 기 술하고 있기에(14:64), 우리는 적어도 마가가 존경 받는 공 회원인 요셉 역시도 예수에 반대하는 표를 던졌다는 것을 암 시하고 있음을 알 수 있다. 그러나 "하나님의 나라를 기다리 는"(15:43) 자인 아리마대 사람 요셉은 예수의 죽음이 가져다 주는 충격 때문에 예수의 시체를 얻어다가 무덤 속에 안치시 켰다. 이 마지막 순간에 한 극단적인 외부인은 하나님 나라의 길로 이끌려 들어왔지만, 내부자들은 실패했다.

열두 제자들이 없을 때에, 한 무리의 갈릴리 여인들은 "멀 리서" 십자가 처형을 바라보았고(15:40), 매장지를 지켜보았 으며(15:47), 이제는 예수의 몸에 기름을 바르기 위해 무덤에 도착했다(16:1). 이 갈릴리 여성들이 마침내 흩어진 제자들을 돌이키고, 그리하여 제자도 플롯을 해피엔딩으로 끝나게 할 것이라고 예상하는 것은 무리가 아니다. 그러나 〔본문에 나타나는〕 모든 암시들은 그 반대 방향을 가리킨다. 여성들은 제자들이 다시 예수의 길을 걷게 하는 대신에 파멸로 가는 그들의 길을 강화시키면서 이야기를 마무리 짓는다.

여성들은 예수의 몸에 기름을 바를 목적으로 무덤에 접근한다. 그러나 마가의 이야기에서 예수께서는 이미 베다니에 있는 "그의 자리에서" 한 여인의 손에 의해 기름부음을 받으셨다. 마가는 예수의 머리에 기름을 붓는 그녀의 행위를 "장례를 미리 준비하는"(14:8) 기름부음으로 분명하게 규정한 바 있다. 그러므로 갈릴리 여성들이 행하려고 했던 것은 이미 익명의 여인에 의해 행해진 것이었다. 실제로 예수께서 무덤에서나 부활 때에가 아닌 십자가에서 왕이 되셔야 했다면, 미리 기름부음을 받으셔야만 했던 것이다. 여성들이 무덤에 도착할 때쯤, 예수께서는 이미 기름부음을 받으신 상태일 뿐 아니라, 십자가 위에서 왕위에 오르시고, 부활로 죽음을 이기신 상태였다. 여성들이 시체를 찾는 동안, 예수께서는 더 이상 죽은 몸이 아니셨다. 여성들은 시체가 무덤 안에 있을 것이라 생각했지만, 예수께서는 더 이상 무덤에 계시지 않으셨다. 이것은 무덤에 앉아 있는 청년이 부분적으로 여성들에게 전한 메시지이기도 하다. "그가 살아나셨고 여기 계시지 아니하니라"(16:6).

그 청년은 무덤이 끝이라는 사실을 부정하고서 그 여인들이 다시금 이 여행의 진짜 목적지를 향할 수 있게 했다. "가서 그의 제자들과 베드로에게 이르기를 예수께서 너희보다 먼저 갈릴리로 가시나니 전에 너희에게 말씀하신 대로 너희가 거기서 뵈오리라 하라"(16:7). 마지막 어구는 감람산에서 제자들에게 마지막으로 주어졌던 가르침을 생각나게 한다(14:28). 예언된 대로, 예수께서는 부활하셨고, 이제 갈릴리로 돌아가라고 호소하고 있으시다. 틀림없이 제자들은 그곳에서 유대인과 이방인으로 이루어진 하나님 나라 공동체에 대한 책임을 감당해야 했다. 그렇기에 이 여인들이 제자들과 베드로에게 전해야 했던 메시지는 예수께서 부활하셔서 갈릴리로 가는 중에 계시다는 것이다. 하지만 그 여성들은 이 메시지를 전달하지 못했다. 제자들을 구원하기 위한 메시지가 이 여성들의 실패로 인해 [전달되지 못하고] 좌초 되어 버리고 만 것이다. 결과적으로 제자들은 갈릴리로 되돌아가라는 신호가 주어졌다는 사실을 결코 알지 못했다. 여성들의 실패는 제자들의 실패를 악화시키며 자신들의 운명을, 제자들의 운명과 마찬가지로, 확정 짓는다. 떨림과 놀람, 두려움에 압도된 여성들은 달아나버린다(16:8). 마치 일전에 모든 제자들이 그랬던 것처럼 말이다(14:50).

고대 시대로부터 마가복음의 이러한 엔딩으로부터 도출될 수밖에 없는 불가피한 결론들을 피하기 위한 대담한(heroic) 노력들이 단행되어 왔다. 마가복음이 16:8로 끝났을 리가 없다는 생각은 2세기 초반부터 있었다. 그래서 소위 긴 결말이라는 16:9-20이 16:8 뒤에 추가되었다. 이 긴 결말에서는 부활하신 예수의 모습, 예수와 열한 제자들과의 재결합, 예수의 하늘 승천과 같은 내용들을 다루며, 16:1-8에서 유실되었다고 생각되는 마지막 결론을 제공했다. 16:9-20이 이차적으로 추가된 내용이라는 것이 인정된 후에, 학자들은 "잃어버린 결말"—즉, 16:1-8에 보도되는 불행한 사건들에 행복한 해결을 가져다준다고 추정되는 본문—이라는 것을 찾기 위해 많은 시간과 노력을 쏟았다. 하지만 그들은 그 "잃어버린 결말"을 발견하지 못했을 뿐 아니라, 원래의 결말이라고 추정되는 이 본문이 어떻게 유실되었는지도 설명하지 못했다. 결국, 마가복음의 결말이 16:8이 아님을 입증하려는 한 가지 매우 유명했던 시도는 문법적인 논증으로서, 어떤 문학작품도 문법적으로 마가복음 16:8이 (접속사 γάρ로) 끝나는 것처럼 끝날 수 없다는 것이다. 그러나 우리는 고전문헌에서 한 텍스트가 실제로 마가복음 16:8의 방식처럼 끝날 수 있다는 취지의 증거들을 발견했다(Plotinus의 32번째 소고와 Dio Cassius의 글과 Musonius Rufus의 12번째 소고가 γάρ로 종결된다-역주). 16:9-20이 원래 복음서의 일부가 아니었고, 16:1-8 이외에 지금까지 진품이라고 인정될만한 결론부가 발견되지도 않았으며, 또 고대문헌에도 마가복음과 비슷하게 접속사 γάρ로 끝나는 경우가 나타난다는 사실에 근거하여, 학계는 만장일치는 아니지만 16:1-8만을 마가복음의 원래의 결말로 널리 받아들이게 되었다. 상당한 양의 사본학적 증거도 이러한 주장을 지지하고 있다. 그러나 사본학적 증거 못지않게 마가복음 이야기의 내러티브 논리도 중요한 증거가 된다. 이렇게 미완성으로 끝나는 것이 예수와 제자들 사이의 갈등을 극적으로 묘사해온 마가의 이야기에 적합한 결론을 제공하는가? 마가가 자신의 이야기를 제자들의 회복이 아닌 몰락으로 끝맺는 것이 가능한가? 결론을 맺으며 우리는 마가 제자도 플롯에서 가장 핵심적인 부분들을 상기해볼 것이며, 16:8로 끝나는 마가복음의 결말의 논리적 필연성을 입증할 것이다.

요약

갈릴리의 한 산에서 예수께서는 자신을 대표할 열두 제자들을 임명하셨다. 예수께서는 대체로 여행을 통하여, 이 열두 제자들, 그중에서도 세 제자들, 그리고 베드로에게 새로운 공동체의 사도적 목자로서 역할하기 위해 알아야 할 모든 것들을 가르치셨다. 제자들이 예수의 가르침을 마음에 새기고 그를 따라 길을 걸어간다면, 하나님 나라에 이르는 열쇠를 발견하게 될 것이다. 예수께서는 바닷가에서 제자들과 몇몇 내부자들에게 하나님 나라의 성질에 대한 기밀 정보(privileged information)를 전하셨다. 하나님 나라의 신비는 그 나라가 성장 과정 중에 있으며, 실망과 실패로 가득 차 있음에도 불구하고 완전한 성숙을 향해 나아가고 있다는 것이다. 하나님 나라 신비에 적극적으로 참여하게 된 제자들은 그 나라가 이미 실현되었다든지 즉시 권능과 영광 가운데 도래하는 것이 아니라는 사실을 알아야 했다. 몇 차례의 배 여행에서는 이방인들에게 나아가는 길을 여시고 하나님 나라의 사회적 정체성을 분명히 밝히셨다. 유대인과 이방인, 남성들과 여성들은 악이 제거된 상황에서 조화롭게 살아가게 될 것이다. 그러나 제자들은 이 배 여행의 논리를 제대로 이해하지 못했다. 결과적으로 예수께서는 제자들의 완고한 마음과 보지 못하는 눈, 듣지 못하는 귀를 책망하신다. 이미 이 지점에서 독자들은 제자들이 계속되는 하나님 나라 사역에서 예수를 대신할 수 없을지도 모른다는 사실에 주의하게 된다. 제자들이 하나님 나라의 성질을 이해하지 못한다면, 어떻게 그 책임을 맡을 수 있겠는가? 그들이 마음이 변화되어 눈 멀고 듣지 못하는 상태를 극복하지 못한다면, 행복한 결말은 그들의 것이 될 수 없을 것이다.

예수께서는 예루살렘으로 가시는 길에 제자들에게, 특히
열둘에게 그곳에서 기대해야 하는 것들—그가 고난당하시고,
적의 손에 넘겨지실 것이며, 죽임당할 것이지만, 죽음에서 부
활하게 될 것—을 드러내신다. 더욱이 예수께서는 고난 받는
예수를 따른다는 관점에서 제자도를 분명하게 정의하신다.
베드로의 주도 아래에 있었던 제자들은 고난 받는 예수와 고
난 받는 제자도의 개념을 지속적으로 받아들이지 못했다. 베
드로는 그리스도의 승리를 기대하였으며, 제자들은 개인적인
권력과 명예에 사로잡혀 있었다. 분명히 제자들이 예루살렘
에서 기대했던 것은 권능과 영광의 하나님 나라가 실제로 실
현되는 것이었다. 그런데 제자들이 예수를 계속해서 따르지
않는다면, 어떻게 그 목적지에 도달하기를 어떻게 희망할 수
있을까?

예루살렘에 도착하자마자 예수와 제자들은 각기 다른 논리
적 결론에 따라 각자의 역할을 수행했다. 예수께서는 예루살
렘과 성전이 하나님 나라의 장소일 수 없다는 것과 그곳이 여
행의 종착지가 아니라는 것을 분명하게 하셨다. 예수의 반-성
전(antitemple) 시위 이후에도 어떻게 제자들은 예루살렘과 성
전에 희망을 걸 수 있었던 것일까? 예수께서는 제자들에게 하
신 마지막 가르침에서 갈릴리를 최종 목적지로 선언하셨다.
그 후 십자가에서 죽으시고, 그 죽음을 통하여 왕위에 앉으셨

다. 죽음으로 왕권을 확실히 하신 후에, 하나님 나라의 새로운 공동체가 있는 갈릴리로 가는 길을 알리셨다. 반면에 제자들은 자신들이 바라보고 있는 권능의 하나님 나라에 대한 비전에 따라 행동한다. 이들은 마음의 변화를 경험하기는커녕 예수를 배신하고 반대하고 부인하며, 마지막에는 고난 받고 죽으시도록 예수를 버렸다. 그러나 제자들은 예수의 고난의 문턱에서 그를 버렸기 때문에, 하나님 나라에 이르는 여행 중 가장 중요한 사건, 즉 십자가 위에서의 즉위 사건을 놓쳐버린 것이다. 백부장은 제자가 아니었음에도 예수를 하나님의 아들로 목격하고 고백했다. 하지만 하나님 나라의 성질을 이해할 수 없었고 십자가에 달린 왕이라는 인물 개념을 수용할 수 없었던 제자들은 이제 왕으로서 즉위하시는 예수를 놓치게 되었다. 제자들이 하나님 나라의 지도자들이 될 수 있는 방법은 없었다.

제자들이 〔무대에서〕 사라지고, 제자들을 대신하여 행동하는 여인들은 제자들의 비극이 맞이하게 될 논리적인 결론을 보여주었다. 여인들은 제자들에게 예수께서 부활하셨고 갈릴리로 돌아가실 것이라는 메시지를 전하지 못한다. 이 여성들의 실패로 인해 제자들은 갈릴리로 결코 되돌아갈 수 없다. 갈릴리에 있는 하나님 나라 공동체는 이 제자들에 의해서 대표되지 않을 것이다. 갈릴리로 가지 못한 제자들은 그들이 항상하기를 원했던 것, 곧 예루살렘에 머무르며 그곳에 권능으로 임할 하나님 나라를 기다리게 될 것이다. 하지만 이것은 예수께서 표명하신 바람과는 반대되는 것이었다. 예루살렘은 파괴될 것이고 성전은 완전히 불에 타 없어질 것이다. "누구든지 자기 목숨을 구원하고자 하면 잃을 것이요 누구든지 나와 복음을 위하여 자기 목숨을 잃으면 구원하리라"(8:35).

결론

우리는 이 책을 시작하면서 네 복음서 기자들의 종교적 동
기와 그들의 복음서 구성의 종교적 특성에 주목하였다. 각 복
음서 기자들은 예수의 삶과 죽음을 그들이 살던 시대와 그 시
대의 사람들을 위해 재해석했다. 그 결과 네 개의 서로 다른
복음서 이야기가 만들어진 것이다. 이 네 복음서 중 마가의
이야기가 가장 놀랄만할 것이다. 우리의 조언을 따라 마가의
이야기를 처음부터 끝까지 읽어온 독자들은 당황해하며 왜
마가복음서 기자가 예수의 신성한 과거와 그와 가장 가까운
제자들을 이러한 독특한 방식으로 해석하는지 궁금해 하게
될 것이다. 마가는 왜 예루살렘 성전과 그것의 파괴에 집착하
는가? 왜 마가는 하나님 나라 공동체를 예루살렘이 아니라 북
쪽 갈릴리 지역에 위치시키는가? 마가가 예수의 가족들에게
가지고 있었던 적의는 어떻게 설명할 수 있을까? 예수께서 하
나님의 버리심으로 인해 죽으셨다는 거의 신성모독에 가까운

신학과 매우 비참한 즉위식이라는 충격적인 역설의 이유는
무엇일까? 무엇보다도 제자 무리들, 특히 베드로와 열두 제자
들의 권위를 약화시키는 이 혹독한 여행 내러티브의 이유는
무엇일까? 어떻게 한 기독교인 저자가 예수를 대표하는 열두
제자들의 얼굴에 먹칠을 하는 이야기를 쓸 수 있었을까? 열두
제자들에 관한 나쁜 소식으로 끝나는 이야기를 좋은 소식이
라고 말할 수 있을까? 요약하면, 마가는 왜 이러한 종류의 이
야기를 전하여 주고 있을까? 이 이야기가 1세기 독자들에게
주는 종교적 의미는 무엇일까? 그리고 오늘날 20세기를 살아
가는 우리에게는 마가복음이 어떤 의미를 줄 수 있을까?

마가의 이야기는 기본적으로 예수와 열두 제자들 사이의
갈등과 분열의 이야기이기 때문에, 우리의 첫 질문은 열두 제
자들과 관련된 것이어야 한다. 열두 제자들에 대한 마가의 해
석과 이들에 대한 마가의 불만은 제쳐놓고, 초기 기독교 역사
에서 그들의 역할은 무엇이었고, 그들은 어디에 위치하고 있
었는지 질문해 보자. 베드로와 열두 제자들에 대한 첫 번째
언급은 고린도전서 15:5에서 발견된다. 거의 모든 학자들은
고린도전서 15:3-5가 바울의 표현이 아니라 바울이 채택한 바
울 이전의 신앙고백 양식〔pre-Pauline confessional formula〕으로 본
다. 그렇기 때문에 이 가장 오래된 베드로와 열두 제자들에
대한 증언은 마가가 자신의 복음서를 쓰기 전, 심지어 바울이

고린도전서(대략 주후 55년경)를 쓰기 전으로 거슬러 올라간다. 안타깝게도 고린도전서 15:5는 베드로와 열두 제자들에게 나타난 부활의 현현을 특정한 장소와 연결하고 있지 않지만, 이 신앙고백 양식의 모든 사건들—예수의 죽음, 무덤, 부활—이 예루살렘에서 일어났던 내용들을 언급하고 있기 때문에 예루살렘이 가능성 있는 장소인 것 같다. 우리는 누가행전을 통해 예수의 죽음과 부활 후에도 열두 제자들이 예루살렘에 있었다는 것을 알 수 있다. 누가에 따르면, 예루살렘 교회는 최고 지도자 베드로의 영도 아래에서(행 2:14, 37; 3:12, 4:8; 5:29) 열두 제자들의 리더십(행 1:24-26; 6:2) 위에 세워졌다. 만약 베드로와 열두 제자들이 예루살렘 교회의 창설자들이었다면(또는 창설자들로 간주된다면), 이로 인해 마가는 예수께서 열두 제자들과 멀어지신 것을 보도하면서 마가 자신과 독자들을 예루살렘 교회와 분리시키려고 했던 것일까? 이 질문에 대한 대답은 마가복음에 나타나는 예루살렘에 대한 추가적인 증거들에 달려있을 것이다. 만일 그러한 증거들이 있다면, 우리는 마가의 전체 복음 이야기가 예루살렘의 입장에 대한 반론으로 기능할 수 있는지를 연구해 보아야 한다.

우리는 바울이 갈리디아교회에 쓴 편지를 통해 예루살렘교회에 "기둥"같이 여김 받던 세 명의 제자들이 있었다는 것을 알고 있다(갈 2:9). 확실히, 바울이 보도한 이 세 제자들은 모든 점에 있어서 마가가 전하는 세 제자들과 조화되지 않는다. 신기하게도 바울과 마가는 세 명의 동일한 이름(베드로, 야고보, 요한)을 명시하지만, 갈라디아서에 언급된 야고보라는 이름은 예수의 형제 야고보이다. 반면에 마가복음에 나오는 야고보는 세베대의 아들 야고보이다. 이러한 불일치의 이유가 무엇이든지 간에, 마가가 생각하는 열두 제자들과 베드로의 영도 아래에 있는 세 제자들의 리더십 구조는 예루살렘 교회의 리더십 상황과 일치한다. 그러므로 마가의 열둘에 대한 비판, 특히 세 제자들과 무엇보다도 베드로에 대한 비판은, 예루살렘 교회에 대한 비판으로 돌려질 수도 있는 것이다. 또한 마가는 예수의 가족들과 하나님 나라를 구별할 때에 예루살렘 공동체를 염두에 두고 있는 것처럼 보이기도 한다. 누가에 따르면, 예루살렘 교회는 예수의 가족 구성원들을 대단히 존경했다(행 1:14). 마찬가지로 마가복음의 종결부에 보도된 갈릴리 여인들의 실패도 예루살렘 상황에 비추어 생각해볼 때 쉽게 이해할 수 있다. 누가에 따르면, 갈릴리 여인들은 예루살렘 교회의 구성원들이었다(행 1:14). 더욱이 이들의 실패는, 마가가 이야기하고 있는 것과 같이, 제자들의 실패를 악화시키면서 그리스도인들이 예루살렘에 계속적으로 머물러 있도록 하는 데에 영향을 미친다. 여인들은 갈릴리로 되돌아가라는 메시지를 전하지 않고 하나님 나라가 도래하는 장소로 예루살렘을 선택하였다. 마가에 따르면, 그들은 그렇게 하지 말았어야 했다. 종합하면, 열둘, 세 제자, 베드로, 예수의 가족, 갈릴리 여인들에 대한 마가의 전체적인 비판은 예루살렘 교회의 대표적인 인물들로 확인되는 사람들을 향하고 있다. 마가복음의 비판 논리는 예루살렘 공동체의 존재 자체를 겨냥하기도 한다. 예수를 가장 가깝게 따르던 자들이 갈릴리 공동체의 본질을 이해하지 못했고, 예수를 버렸으며, 십자가 위에서의 예수의 대관식을 놓쳐버렸다. 그럼으로써 그들은 예루살렘에 멈춰선 채 목적지인 갈릴리로 결코 돌아가지 못했다.

마가와 예루살렘 교회와의 불일치를 보여주는 다른 이슈들에는 이방 선교, 의식적 금기의 폐지, 십자가에 초점을 맞춘 것을 생각해 볼 수 있다. 예루살렘 교회는 대체로 유대적이었고, 바울이 예루살렘 지도자들을 대하는 것에서 분명하게 알 수 있듯이, 이방 선교를 받아들이는 데에 어려움을 겪었다. 우리가 기억하듯이, 마가의 제자들은 예수께서 이방인들에게 나아가는 것을 이해하지 못해서, "완고한 마음"을 가진 자들이라는 예수의 비난을 초래했다. 예루살렘에 있는 다수의 유대 그리스도인들은 유대교 율법을 충성되게 지키는 자들일 것이다. 마가는 의식적 정결법을 반대하고 내적인 정결 개념에 호소한다. 더욱이 제자들은 이 내적 정결 개념을 이해하는 데 어려움을 겪었고, 마가의 예수는 실망을 표현했다. 마지막

으로 예루살렘의 그리스도인들이 예수의 십자가를 중요시했
는지 의심스러워 보인다. 정치적으로 볼 때, 범죄자로서 십자
가에 달려 죽은 자를 그가 처형된 도시에서 전파하는 것은 위
험했다. 종교적으로 볼 때, 십자가 처형과 같은 참혹한 사건을
되돌아보기까지 정신적으로, 시간적으로, 공간적으로 더 많은
간격이 요구된다. 그 대신에 예루살렘에서는 권능의 메시아
인물로서의 예수, 십자가에 달리셨지만 부활하신 예수, 부활
하신 주로서 공동체에 임재하시거나 또는 가까운 미래에 오
실 것으로 기대된 예수께 초점이 맞추어졌을 것이다. 우리는
마가가 고난 받는 예수를 지지하지 않았던 제자들을 예리하
게 비판했던 것을 기억할 수 있다. 결국 그들은 십자가에 달
리신 예수를 버렸고, 그들이 생각하기에 권능으로 임하는 하
나님 나라를 선택했다.

　마가의 이야기가 예루살렘 교회의 존재와 본질에 대한 비
판적인 질문에 관한 것이라는 점이 인정된다면, 우리는 어떻
게 그가 감히 그럴 수 있었는지 질문할 수밖에 없다. 왜 마가
는 예수의 선택된 대표자들을 반대하며 예수의 삶과 죽음을
재해석했을까? 의심할 여지없이 기독교 운동에 공감하고 있
는 이 유대 그리스도인 저자는 왜 그리스도인들의 신성한 중
심을 박탈하기를 원했을까? 그 단서는 마가가 예루살렘 성전
과 성전의 파멸 예고에 집중하고 있다는 사실에서 찾아볼 수

있다. 우리는 마가 이야기 내의 예수께서 이중적인 목적을 위해 예루살렘을 방문한다는 사실을 살펴보았다. 하나는 성전의 죽음을 예언하는 것이고, 또 다른 하나는 예수 자신의 죽음을 예언하는 것이었다. 마가복음 독자들의 관점에서 볼 때, 예루살렘 멸망에 관한 예언은 예수 자신의 죽음에 관한 예언처럼 실현되었을 것이다. 다시 말하자면, 우리는 마가복음이 예루살렘과 그 성전의 파괴에 뒤이어, 예루살렘 교회의 몰락을 완전히 알게 된 다음인, 주후 70년 이후에 기록되었다고 가정하고 있다는 것이다. 이것이 마가가 조금도 거리낌이 없이 예루살렘과 성전과 그곳에 있는 제자들을 반대할 수 있는 이유이다. 마가는 예수의 부활 이후에 제자들이 예루살렘에 머무르지 말았어야 했다고 감히 주장할 수 있었다. 왜냐하면 마가는 기독교 운동의 이 신성한 중심이 로마의 힘과 폭력의 희생이 되었다는 것을 알고 있었기 때문이다.

우리가 이 복음서의 전후 연대(postwar dating)를 받아들인다면, 예루살렘 교회에 반대하고 있는 마가의 주장은 더 깊은 차원을 지니게 될 것이다. 예루살렘 파괴의 관점에서 볼 때 마가복음은 모교회[예루살렘 교회]의 소멸에 대한 설명을 제공하기는 하지만, 그렇다고 모교회에 대한 심판을 선언하는 것은 아니다. 마가는 복수심에 불타거나 열두 제자들에 대한 개인적인 원한이 있었던 사람이라기보다는, 끔찍한 위기 상황에 대한 답을 찾는 예언자적 저자였다. 이러한 관점에서도, 마가복음의 종교적 중요성이 충분하게 드러나리라 생각한다.

만약 우리가 주후 70년 이후, 그리스도인들이 경험했던 그 상황 속에 있게 된다면, 복음 메시지의 강한 충격을 느끼게 될 것이다. 이스라엘은 로마 군대에 의해 점령되어, 예루살렘은 파괴되고, 성전은 완전히 불타버렸다. 유대인들의 전쟁 활동에 불을 붙이고 그 활동을 지지하는 모든 메시아적 기대들은 성취되지 않았다. 메시아 예수가 와서 구원해줄 것이라는 그리스도인들의 특별한 희망도 꺾이게 되었다. 메시아의 개입과 해방을 예언했던 선지자들은, 돌이켜 생각해보면, 거짓 선지자임이 분명해졌다. 십자가 처형 이후에, 예루살렘 몰락 당시 기적적인 구원을 경험하지 못한 것은 초기 기독교인들이 겪은 두 번째 충격적인 경험이었다. 현재는 절망적이었고 죽음과 파괴에 대한 설명은 주어지지 않았다. 현재의 무력함으로 인해 불안해하는 마가는 과거, 즉 예수의 신성한 과거로 되돌아간다. 이 복음서 저자는 40년 전에 갈릴리 전역을 돌아다니셨고 예루살렘에서 죽으신 이 예수께서 주후 70년에 일어난 고통의 경험에 대한 열쇠를 쥐고 계시다고 확신했다. 여기에 마가복음서 저술의 종교적 동기와 치유적 속성이 있다. 심리치료사는 좌절을 경험한 어떤 개인을 치료함에 있어서 현재 위기의 실마리를 찾기 위해 이 환자의 과거를 다시 경험하게 한다. 이와 유사한 방식으로 마가도 역사의 중대한 시점에서 종교 중심지의 몰락에 대한 해명을 찾기 위해 독자들로 하여금 예수의 삶과 죽음을 다시 경험하게 하고 있는 것이다.

우리가 마가의 이야기를 예루살렘 파괴의 여파의 관점에서 읽을 때, 40년 전에 예수께서 갈릴리에 하나님 나라가 도래했다고 말씀하셨던 이유를 알게 된다. 예수께서는 열둘을 임명하시고 사람들을 먹이고 섬기도록 하셨고, 예수께서 죽으시고 부활하신 이후의 시기를 대비하여 그들을 준비시키면서, 예루살렘이 하나님의 나라가 임하는 도시가 아니라는 것에는 그 어떤 의심도 남겨놓지 않으셨다. 예수의 전 생애는 성전 관계자들과의 날카로운 대립과 성전의 무위화 선언, 성전 파괴 예언에서 그 절정에 이르렀다. 예수의 성전 비판으로부터 기인하고, 성전 관계자들이 시작한, 그의 죽음은 결과적으로 성전의 파멸을 예견하고 있었다. 예수께서 죽으시는 순간에 성전 휘장이 두 폭으로 찢어진다. 그러므로 이 두 번의 충격적인 경험의 여파 속에 살고 있는 독자들은 예수의 삶을 예루살렘 성전과 연결시키고 예수의 죽음을 성전의 죽음과 연결시키는 깊은 논리를 알아차리게 된다.

예수의 이야기가 두 충격적인 경험들 사이의 연관성을 보여주는 반면에, 제자들의 이야기는 예루살렘 교회의 운명을 설명해준다. 마가가 보여주는 제자도의 극적인 구성은 분명히 열두 제자들의 권위를 인정했던 독자들의 관심을 사로잡는다. 처음에 열두 제자들은 비판적이지 않은 방식으로 권위적인 인물들로 소개된다. 이러한 방식으로 이야기는 독자들이 익숙해하는 환경에서 독자들을 만난다. 일단 독자들과 접촉이 이루어지고 나면, 이야기는 수난 사건에서 비극의 최고조에 이르기까지 시종일관 제자들의 끈질기고 점점 강렬해지는 오해를 보여준다. 본문을 통해 자세히 살펴보면, 제자들에 대한 중립적인 묘사로부터 부정적인 묘사로의 발전은 소위 베드로의 신앙고백이라고 불리는 지점에서 나타난다. 처음에 독자들이 베드로의 신앙고백을 액면 그대로 받아들이는 경향이 있다는 사실을 우리는 다룬 바 있다. 그러나 예수와 베드로의 이어지는 대결은 독자들로 하여금 고난 받는 인자로서의 예수의 고백과 예수께서 베드로를 사탄이라고 저주하는 내용을 직면하게 한다. 독자들은 예수와 제자들의 여행을 되짚어감으로써 점진적이고 체계적으로 이들이 마지막에 갈라서게 될 것에 대한 준비가 되어 간다. 이 복음서를 읽으면서 우리는 제자들이 결국 회개하고 하나님 나라 복음을 믿기를 기대한다. 그러나 우리가 이야기를 읽으면 읽을수록, 우리의 그러한 바람을 점점 더 내려놓게 된다. 예수의 수난에서의 제자들의 우울한 실패 후에, 모든 남아있는 희망들은 이야기의 마지막 결과에 초점을 맞춘다. 적어도 마지막에서는 회복과 화해가 일어나야 한다. 그러나 마가는 제자들의 진로를 반전시키는 대신에 그 길의 논리적인 결론에 이르게 한다. 마가는 제자들의 운명에 치명타를 가하기 위해 이 복음서의 마지막을 남겨두었다. 마가의 이야기를 처음부터 마지막까지 읽고 나면, 그 순간 독자들의 마음에는 분명히 제자들이 하나님 나라로 들어가는 길을 잃어버렸다는 생각이 들 것이다. 따라서 제자들이 예루살렘에 계속 머물러 있는 것은 예수의 뜻이 아니라, 예수를 따르는 내내 그의 뜻을 이해하지 못했던 결과로서 설명될 수 있다.

마가는 제목을 나타내는 구절(1:1)에서 오직 "복음의 시작"이 무엇인지에 대해서만 쓰겠다는 의도를 드러냈다. 이제 독자들은 예수의 이야기를 다시 경험해 보았기 때문에, 제자들의 [잘못된] 길을 더 이상 반복해서는 안 된다. 독자들은 제자들이 아는 것보다 더 많은 것들을 알고 있다. 왜냐하면 마가가 독자들에게 예수로부터 배울 기회와 베드로 및 열두 제자들과 예수의 갈등으로부터 배울 기회를 주었기 때문이다. 주후 70년 이후를 살아가는 독자들은 성전의 멸망을 예수의 삶과 죽음과 관련지어 이해하는 법을 배웠고, 예루살렘 교회의 몰락을 실패한 제자도의 결과로 이해하는 법을 배웠다. 이 복음서가 제공하는 치료를 경험한, 즉 위기의 원인이 무엇인지 알게 된, 독자들은 하나님 나라 복음의 수동적인 독자들에서 하나님 나라의 적극적인 참여자들로 돌아설 수 있다. 예루살 렘의 위기는 하나님 나라의 멸망을 의미하는 것이 아니었으 며, 이 복음을 읽고 믿는 자들에게는 새로운 공동체로 들어가 는 길이 열리게 된다. 이것이 복음의 소식이다! 하나님 나라 는 예루살렘의 멸망과 함께 소멸되어버린 것이 아니다. 하나 님 나라는 지금도 계속되는 실재이다. 하나님 나라는 40년 전 예수께서 갈릴리에 창조하셨던 것이고, 예루살렘의 파괴에도 전혀 손상되지 않았으며, 마가복음을 마음에 새기는 모든 사 람들에게 열려있는 것이다. 이 복음서가 "미완성의" 방식으 로 끝나는 한 가지 이유는 여인들의 실패가 실제로 하나님 나 라 이야기의 마지막이 아니기 때문이다. 제자들의 운명은 결 정되었지만, 위기의 본질을 이해한 마가 시대의 독자들은 제 자들에 의해서 미완성으로 남겨진 예수의 여행을 완성하도록 초대된다. 이러한 의미에서 마가복음을 읽는 것은 복음을 실 생활에서 실현하는 그 시작일 뿐이다.

복음의 메시지를 실현하는 자들은 하나님 나라의 새로운 공동체가 열두 제자들이 생각했던 것과는 다르다는 것을 알 것이다. 갈릴리의 열린 공간은 성벽으로 둘러싸인 예루살렘 이 나타내는 것보다 더욱 더 자유로운 정신을 상징한다. 하나 님 나라는 "모든 민족들"에게 열려 있다. 남자나 여자나 유대 인이나 이방인이나 모두에게 열려 있다. 하나님 나라는 구조

에 있어서 위계적이지 않고, 본질적으로 평등주의를 표방한
다. 하나님 사랑과 이웃 사랑이라는 하나님 나라의 근본적인
신앙 조항은 모든 법과 규례들을 파기한다. 가장 중요한 것은
하나님 나라의 중심 권위가 예수라는 것이다. 즉, 부활의 권능
에 의해서가 아니라 비참한 십자가에서 왕위에 오르신 예수
께서 하나님 나라의 권위이시다. 이 십자가에 달리신 왕은 타
인을 위한 봉사와 고난의 교훈을 가르치신다. 절대로 자기 확
장〔self-aggrandizement〕의 기술을 가르치지 아니하셨다. 제자들
의 핵심적인 실수는 고난 받고 죽으신 예수께 자신들의 기대
를 맞출 수 없었다는 것이다. 예루살렘의 멸망이라는 엄청난
사건에 의해 교훈을 받은 마가는 제자들이 가진 권능의 그리
스도에 대한 기억을 없애고 그 대신에 예수의 죽음에 대한 기
억을 재활성화 시킨다. 실제로 하나님께서 버리심으로 죽으
신 예수께서는 로마에 패배하고 성전이 초토화 된 직후에 하
나님 나라의 진정한 대표자가 되셨다. 메시아가 와서 구원해
줄 것을 기대했던 사람들은 하나님께 버림받는 공포를 경험
했다. 이러한 그들에게 하나님께 버림받아 죽은 예수와 같은
사람이야말로 믿을만한 구원자가 되신다. 값싼 위로의 말을
해주고 죽음을 거부하며 권능을 찬양했던 사람이 아니다. 그
예수께서는 오히려 생명의 삶에서 죽음의 고통을 향해 여행
했고, 권능의 삶에서 무력한〔nonmiraculous〕 죽음을 향해 여행하

셨다. 마치 그가 비참했던 순간에 왕으로 즉위되었던 것처럼, 그를 따르는 자들도 죽음과 파멸의 중심에서 예수의 왕권에 들어갈 수 있다.

우리는 마가복음이 신약에 있는 네 권의 복음서 중 가장 놀랄만한 이야기일 수 있다고 제안한 바 있다. 마가복음의 가장 놀라운 특징은 예수와 복음서 독자들을 중개하는 모든 권위적 인물들을 없애고 있다는 데에 있다. 세 부류의 중개적 권위자들이 있다. 첫 번째는 예수의 가족들이고, 두 번째는 메시아적 선지자들이고, 세 번째는 제자들이다. 마가는 이들 모두를 반대한다. 마가는 예수의 가족 대표자들을 외부인으로 밀어내고, 카리스마적 대표자들을 거짓 선지자라고 부르며, 공식적인 대표들(제자들)의 실패를 주장한다. 이러한 중개적 권세들을 배제시키는 것은 이 복음서 기자의 예수의 시작으로 돌아가려는 의도와 일치한다. 마가의 신학적인 전망, 말하자면 전통에 대한 거부와 근원으로의 복귀는 우리에게 매우 익숙한 주제이다. 이것은 전통에 반대하며 근원으로 돌아가자고 외쳤던 개혁신학을 생각나게 한다. 게다가 우리는 마가복음과 개혁신학에서 모두 십자가 신학에 대한 강조 강조점을 발견할 수 있다. 마가와 개혁자들 사이의 놀라운 유사성은 우리가 개혁신학의 범주를 마가복음에 투영한 결과가 아니다. 오히려 그것은 마가와 개혁가들이 상당한 문화적이고 정치적인 위기의 시대에 글을 썼다는 사실에서 기인한다. 우리가 중개적 권위들의 상실을 경험했거나, 그러한 권위들을 상실하고 싶지 않을 때에, 권고하는 바는 본래의 권위로 돌아가야 한다는 것이다. 그럴 때에 그 상실의 충격은 죽음의 실재에 대한 우리의 감수성을 일깨워줄 것이다.

물론 우리가 영구적인 위기 상황 위에 살고 있는 것은 아니지만, 마가는 보편타당성(universal validity)의 진리를 발견했다. 모든 기독교 교회는 성장하고 시간이 지나면서 예수의 본래 메시지와 상관없이 성장하게 되는 위험이 있다. 그러나 근원에 대하여 잊어버리는 것은 현대 문화의 가치들에 분별없이 순응하는 결과를 불러일으킬 수 있다. 마가가 보고 있는 것처럼, 제자들은 예수의 목소리를 듣지 못한 채, 정확히 자신들의 잇속만을 챙기는 가치 체계를 선택했다. 우리가 자기 자신을 내어주는 예수의 삶과 죽음을 기억하지 못한다면, 우리의 종교적인 기관들은 자만심을 지나치게 발전시킬 수도 있으며, 개인으로서의 우리는 기독교 신앙을 자기 개발의 수단으로 삼게 될 것이다. 마가가 우리를 예수의 여정으로 다시금 초대하여 기독교가 본래 무엇을 위해 의도되었는지에 관하여 우리의 기억을 새롭게 해주었던 것은 마가복음의 항구적인 의미로서 여전히 우리에게 남아있을 것이다.